De la vie privée

Annabelle Lever

authorHOUSE®

AuthorHouse™ UK
1663 Liberty Drive
Bloomington, IN 47403 USA
www.authorhouse.co.uk
Phone: UK TFN: 0800 0148641 (Toll Free inside the UK)
*   UK Local: (02) 0369 56322 (+44 20 3695 6322 from outside the UK)*

Published by AuthorHouse 07/20/2023

ISBN: 978-1-4918-8090-6 (sc)
ISBN: 978-1-4918-8091-3 (e)

La vie privée

French translation of
Annabelle Lever's *On Privacy* (Routledge, 2011)

By Charles Hargrove[1]

Introduction

La vie privée est une valeur janusienne. Elle est ce qui nous permet de nous retrancher du monde extérieur, cependant la forme qu'elle prend et l'étendue de sa protection sont fondamentalement des questions d'ordre public. Sans surprise, donc, la vie privée et sa protection font l'objet d'un intérêt public considérable mais aussi de controverses quant au rôle approprié de l'État ainsi qu'aux droits et devoirs des individus.

Cet ouvrage explore ces composantes janusiennes de la vie privée et examine leurs implications sur le contrôle de l'information personnelle, sur la liberté sexuelle et reproductive, et sur la vie politique démocratique. Il questionne ce qui pourrait être, ou non, préjudiciable dans le fait de demander aux femmes d'obtenir une autorisation pour tomber enceinte et avoir des enfants, puisque la grossesse et l'accouchement peuvent sérieusement nuire à leur santé. Il considère si les employeurs peuvent surveiller les amitiés et les activités financières de leurs employés, et si nous sommes en droit de savoir si une personne riche, célèbre ou influente est atteinte d'un cancer ou entretient une liaison adultère. Il examine si nous avons le droit à la vie privée en public, et si oui, ce que cela pourrait signifier pour l'utilisation de caméras de surveillance, le traitement des personnes sans-abri et la provision d'aménagements publics telle que les parcs, les bibliothèques et les toilettes publiques.

Par dessus tout, ce livre cherche à comprendre si – et dans le cas affirmatif pourquoi – la vie privée est a de la valeur dans une société démocratique et, qu'est-ce qu'elle implique quant à la façon dont nous construisons nos rapports avec les autres. Nos idées sur la vie privée sont héritées du passé et sont marquées par des croyances sur ce qui est désirable, réaliste et possible qui préexistent le gouvernement démocratique et, parfois même, qui préexistent le gouvernement constitutionnel. Ainsi, quoique la vie privée est une valeur démocratique importante,

[1] J'ai beaucoup de remerciements à faire : à Routledge pour m'avoir donné les droits d'auteurs pour publier une version française du *On Privacy* ; de Charles Hargrove pour sa traduction ; et surtout à mon mari, Dan Grecu, pour tout l'effort qu'il a mis dans la préparation de ce document.

nous ne pouvons prendre conscience de sa valeur que si nous nous référons aux idées démocratiques de liberté, d'égalité, de sécurité et de droits des individus pour nous guider dans notre compréhension de celle-ci.

Ce livre offre une approche propre à la théorie politique de la vie privée. Il met en lumière la vie privée au travers des idées familières sur la politique et la moralité afin de pouvoir comprendre et évaluer les affirmations contradictoires émises sur sa nature, son contenu et son importance dans le nombre croissant d'ouvrages et d'articles qui paraissent sur le sujet. Ces écrits, allant d'une analyse très abstraite et spéculative du sujet à une analyse plus détaillée de lois et de régulations, peuvent certainement désorienter le lecteur ordinaire (mais aussi le philosophe) par leur variété et donner l'impression qu'il est impossible de pouvoir les réunir en une image cohérente.

Si je ne peux promettre une telle image, j'espère au moins apporter une esquisse du sujet pour que les lecteurs puissent l'enrichir et le nuancer. J'ai essayé de limiter l'attirail universitaire des notes de bas de page à son minimum. Les références fournissent donc des liens d'informations en ligne, de livres et d'articles qui pourraient intéresser des non-spécialistes. Je souhaite que les lecteurs non-universitaires puissent apprécier ce livre sans rencontrer trop de difficultés à sa lecture et que ceux qui possèdent plus d'expertise sur le sujet trouvent les idées et les méthodes suffisamment originales.

Le premier chapitre porte sur les raisons pour lesquelles des personnes intelligentes, bien intentionnées et réfléchies ne s'accordent pas sur la nature et la valeur de la vie privée. Il considère aussi comment le vote à bulletin secret – vu autrefois comme un ennemi de la liberté politique et maintenant comme la marque du gouvernement démocratique – peut nous aider à comprendre ces désaccords. Le deuxième chapitre aborde ensuite l'éthique du « *outing* » – ou la publication sans consentement d'information personnelle réelle – et montre comment les protections de la vie privée visant la confidentialité, l'anonymat et l'intimité peuvent renforcer, plutôt que réduire, la liberté d'expression et la politique démocratique. Le troisième chapitre, quant à lui, analyse les implications de la vie privée pour le sexuel, la reproduction, et la famille. Par ailleurs, il montre en quoi le droit de vivre avec et de s'occuper de ceux que l'on aime sont centraux à la perspective démocratique de la vie privée. Enfin, le quatrième et dernier chapitre examine la relation qui existe entre la vie privée et la propriété ainsi que ses conséquences pour la coopération sociale.

Avant cela, toutefois, nous avons besoin d'une certaine mise en scène philosophique. Les dramaturges ont pour coutume de débuter leurs pièces de théâtre par une didascalie telle: « Nous sommes dans les années 1950. Annie, 1m58 et

en droit à une part égale au gouvernement. La seconde est que la démocratie est autant une entreprise compétitive que coopérative ; donc même si nous partageons tous un intérêt à être gouvernés démocratiquement – du moins, par rapport aux alternatives les plus probables – nous pourrions avoir des idées différentes sur le candidat qui mérite notre allégeance ou soutien et, selon le parti ou le groupe d'individus qui accède au pouvoir après des élections démocratiques, nous pourrions avoir des gains ou pertes non négligeables. C'est pourquoi, en utilisant cet exemple familier et pratiquement sans controverses d'un droit démocratique et des suppositions familières sur le gouvernement démocratique, il devrait être plus facile d'examiner la valeur de la vie privée et la polémique qui l'entoure.

Liberté et égalité

Cette clarification de la façon dont j'emploierai le terme « démocratie » aide à expliquer les manières dont j'utiliserai les termes « liberté » et « égalité ». La liberté et l'égalité ont été illustrées par des choses complètement différentes. Ainsi, Aristote pensait que l'esclavage était cohérent avec l'égalité car il supposait qu'il y avait des esclaves et des maîtres naturels[7]. D'autres, comme Robert Nozick, ont voulu définir la liberté de manière à ce que chaque personne puisse librement se soumettre comme esclave auprès d'autres personnes. Autrement dit, Nozick incluait dans sa compréhension de la liberté la possibilité d'être un esclave sous la condition de renoncer volontairement à sa liberté dans des conditions acceptables[8]. Pour nombre de personnes, une telle affirmation paraît irraisonnable car l'esclavage semble être l'antithèse de la liberté et non une de ses instances. Pour ceux d'entre nous qui pensent de cette manière, il va donc falloir trouver une autre façon de comprendre la liberté.

Le problème est que rejeter les points de vue d'Aristote sur l'égalité et de Nozick sur la liberté nous laisse tout de même avec une myriade de manières plausibles, mais mutuellement contradictoires, de réfléchir à ce que signifie être libre, et si, ou pourquoi, la liberté a de l'importance. Mais si nous voulons progresser dans notre compréhension de la *vie privée*, nous allons, à nouveau, devoir émettre quelques hypothèses simplificatrices. Celles que je suggère sont les suivantes : de prendre les quelconques formes de liberté qui soient indéniablement nécessaires au gouvernement démocratique comme des exemples de liberté, et de prendre les

---

7   Aristote, « Livre I », Les Politiques, Sections 3–7.
8   Robert, Nozick, Anarchy, State and Utopia, New York, Basic Books, 1974, p. 331. Jonathan Wolff apporte une excellente explication et évaluation des points de vue de Nozick sur la liberté et de ses liens avec les idées qu'il développe sur la propriété, la taxation et l'égalité. Jonathan, Wolff, Robert Nozick: Property, Justice and the Minimal State, London, Polity Press, 1991.

quelconques formes d'égalité qui soient indéniablement nécessaires au gouvernement démocratique comme des exemples d'égalité.

Nous devrons, au moment opportun, décider de ce qu'elles sont – mais, pour le moment, je pense que nous pouvons supposer que si le droit de choisir son gouvernement et le droit de se présenter comme membre de ce gouvernement sont des exemples de libertés démocratiques, elles sont aussi des exemples d'égalité démocratique car elles sont des libertés auxquelles toute personne a droit, et qui appartiennent autant aux pauvres et aux citoyens nouvellement naturalisés qu'aux riches et aux citoyens par descendance. Prendre des caractéristiques familières d'un gouvernement démocratique peut donc nous aider à clarifier nos idées sur la liberté et l'égalité et nous donner un point de référence commun afin de résoudre les conflits portant sur la relation entre vie privée, liberté et égalité.

Les droits : moraux et/ou légaux

Nous sommes maintenant à même de pouvoir clarifier notre dernier terme clé, « les droits ». Le terme est ambigu car il ne nous dit pas si nous sommes concernés par les droits légaux ou les droits moraux. Les droits légaux sont, sans surprise, ces droits qui sont reconnus et protégés par la loi. Ceci est plus complexe qu'en apparence car les droits inscrits sur les codes ne sont, ou ne seront, pas tous forcément appliqués – certains y restent inscrits simplement parce que le fait de les retirer serait trop problématique. Et tous les droits légaux ne sont pas des droits statutaires [statutory rights] – certains sont constitutionnels et, dans les pays de droit coutumier [common law] comme la Grande-Bretagne, certains droits sont déclarés par les juges et se réfèrent aux traditions juridiques dont témoignent les traditions et les décisions judiciaires précédentes ainsi que les écrits. Ainsi, déterminer ce qui compte réellement comme un droit légal peut être une affaire compliquée, et c'est pour cela que la profession d'avocat est une profession relativement bien rémunérée !

Cependant, il faut nous rappeler que c'est ce terme « droit » qui est ambigu car les discussions sur les droits ne se réfèrent pas toutes aux droits légaux. En effet, certaines de nos revendications de droits concernent plutôt ce que nous pouvons appeler nos « droits moraux »[9], ces droits qui nous reviennent qu'ils soient, ou non, respectés et protégés par la loi. Parfois, nous voulons discuter de nos droits moraux afin de donner une indication sur ce que devrait être la loi ou de mettre en lumière le fait que nous pensons que les lois ou les gouvernements existants sont mauvais

---

9   Note du traducteur: En philosophie, « droits moraux » est un terme qui vient se substituer à la dénomination traditionnelle de « droits naturels ».

ou injustes. En ce sens, nous pouvons insister sur le fait qu'il existe un droit à la liberté de religion, même si le pays dans lequel nous vivons ne reconnaît pas légalement un tel droit et a récemment emprisonné un groupe de personnes pour avoir pratiqué leur religion. À d'autres moments, nous exprimons simplement la croyance que nous sommes moralement en droit d'obtenir quelque chose – d'être traité gentiment, que nos promesses soient tenues et ainsi de suite – soit pour que la loi agisse sur sujet, soit parce qu'une telle situation ne relève pas du tout d'un problème légal.

La relation entre les droits moraux et légaux peut alors être compliquée car le premier peut parfois être utilisé pour débattre et critiquer le second. Et bien qu'intuitivement nous pourrions supposer qu'il faut établir que quelque chose est un droit moral pour démontrer qu'il est un droit légal, il est clair que cette intuition est erronée lorsque nous pensons aux limitations de vitesses ou aux lois fiscales. Les droits moraux peuvent déterminer l'étendue sur laquelle des considérations de commodité, d'efficacité, de réduction de bruit, de pollution, et ainsi de suite déterminent le choix de la limitation de vitesse en ville et sur l'autoroute. De même, les droits moraux peuvent indiquer l'éventail sur lequel le gouvernement est en droit de choisir les impôts à augmenter, comment les augmenter et le taux auquel les augmenter. Cependant, supposer que le code de la route est fondé (dans la mesure où il l'est) parce que nous avons un droit moral à rouler à 40 plutôt qu'à 50 kilomètre-heure en ville et, à 130, plutôt qu'à 140 kilomètre-heure sur l'autoroute serait incorrect. Au contraire – dans la mesure où nous avons un droit moral à rouler à ces vitesses en France – c'est parce que c'est la vitesse légalement acceptée, reconnue par la loi, et par les manières dont les gens se comportent généralement lorsqu'ils conduisent en France.

En bref, une des difficultés avec le terme « droits » est qu'il peut se référer à la fois aux droits moraux et aux droits légaux, bien que ceux-ci soient de natures différentes et que leur relation soit assez indéterminée. Afin de lever toute ambiguïté, j'essayerai d'utiliser les expressions « droits moraux » et « droits légaux » lorsque ceci sera nécessaire. Néanmoins, je supposerai que la discussion sur les droits moraux est permissible et utile pour discuter de ce que nous sommes moralement en droit d'obtenir; et je supposerai également que quelques-unes, au moins certaines, de ces lois sont bien fondées. Ainsi, je suppose que Bentham avait tort de penser que les discussions sur les droits moraux sont « complètement absurdes » [nonsense upon stilts], même si certaines revendications sur les droits moraux sont insensées et absurdes ; et je supposerai également que ces anarchistes qui pensent que toutes les lois sont injustes ont tort, bien que certaines de ces lois soient sans nul doute injustes. Je doute que ces hypothèses soient particulièrement controversées pour les personnes qui s'intéressent à la nature et à la valeur de la vie privée – d'une part parce que les utilitaristes peuvent, s'ils le veulent, analyser les discussions sur les droits moraux comme des revendications sur ce que l'utilité permet ou demande. Et, d'autre part, parce que les anarchistes qui sont intéressés par la vie privée, prêteront beaucoup d'attention aux questions qui porteront sur la relation entre individus, qui nous intéresseront ici.

Tout comme pour la liberté et l'égalité, nous pouvons par conséquent utiliser les droits démocratiques standards pour illustrer ce que sont les droits légaux et moraux des personnes, tout en se rappelant que la relation précise entre les droits légaux et les droits moraux est controversée dans la plupart des démocraties. Ainsi, nous pouvons penser au droit de voter comme étant à la fois un droit moral et un droit légal – un droit qui, dans les pays démocratiques, est en partie légalement protégé par le fait que chacun a un droit moral à la participation dans la formation de son gouvernement. En conséquence, nous pouvons nous demander – et nous nous demanderons prochainement – quelles conclusions, si tant est qu'il y en a, pouvons-nous tirer de la revendication morale à la vie privée du fait que les démocraties accordent à leurs citoyens le droit légal de voter en secret plutôt qu'ouvertement? Dans tous les cas, nous pouvons résoudre les problèmes rencontrés pour clarifier l'idée d'un droit en pensant, dans un premier temps, aux droits démocratiques familiers – qu'ils soient légaux ou moraux.

J'espère que ceci apporte suffisamment de clarification pour continuer et il est maintenant temps de se tourner vers le problème de la valeur que peut avoir la vie privée dans une société démocratique.

Chapitre 1
Vie privée et démocratie

Il y a au moins deux façons de penser la valeur de toute chose, y compris celle de la vie privée. La première est de la traiter comme instrumentale à quelque chose d'autre, que l'on sait ou que l'on suppose est de valeur. La seconde est de la traiter comme intrinsèquement de valeur, ou de valeur pour ce qu'elle est, plutôt que pour ce qu'elle fait. Réciproquement, nous pouvons penser qu'une chose est mauvaise soit parce que ses conséquences le sont d'une façon ou d'une autre, soit parce qu'elle est mauvaise telle quelle, même si, comme cela est parfois le cas, elle peut avoir de bonnes conséquences. Ceci peutêtre le cas du mensonge ou de la tricherie par exemple. D'autre part, nous pouvons croire qu'une disposition charitable est intrinsèquement bonne ou louable bien que ses conséquences ne soient pas toujours bénéfiques.

Cette division en quatre parties saisit les principales façons de penser la vie privée et nous pouvons commenter chacune d'entre elles. Par exemple, les philosophes comme Stanley Benn et Jeffrey Reiman associent notre volonté de concéder la vie privée à d'autres personnes au respect que nous avons pour elles et ils voient ceci comme étant au cœur d'une approche non-conséquentialiste de la valeur de la vie privée[10]. Ils supposent que ce qui est reconnu comme moralement mauvais dans le fait de regarder fixement les victimes d'un accident de la route n'est pas que cela ralentit la circulation ou cause des embouteillages, mais qu'un tel comportement de la part des passants traite de manière inappropriée des personnes qui peuvent être effrayées, blessées, ou même en train de mourir, comme des objets de curiosité futile, de spéculation ou d'exclamation. L'intérêt de ces approches est qu'elles semblent expliquer les raisons pour lesquelles la vie privée peut avoir de la valeur même si les conséquences d'une telle atteinte à la vie privée peuvent varier fortement car nous avons tendance à réagir différemment au comportement intrusif

10 Stanley Y., Benn, « Privacy, Freedom, and Respect for Persons », in Schoeman, F. (dir.), Philosophical Dimensions of Privacy, op. cit., pp. 223- 244 et Jeffrey H., Reiman, « Privacy, Intimacy and Personhood », in ibid, pp. 300-316.

et sans tact des autres, et nous varions également dans le degré auquel nous acceptons d'exposer nos vies, nos corps et nos possessions aux autres.

Par contraste, James Rachels pense que la valeur de la vie privée émane principalement du fait qu'elle nous permet de faire la distinction entre nos amis et nos collègues et entre nos amants et nos docteurs[11]. En assumant que cette capacité à faire ces distinctions soit quelque-chose de désirable, il soutient que les raisons pour lesquelles la vie privée est de valeur est qu'elle nous permet de divulguer ou de retenir de l'information sur nous-mêmes selon des manières et à des degrés différents, ce qui nous permet, par ailleurs, d'être en situation d'affaire et professionnels avec certaines personnes et aimants et attentionnés avec d'autres. La manière dont Rachels décrit la vie privée – tout comme celle de Thomas Nagel plus récemment – implique que si la vie privée ne nous permettait pas de faire la distinction sur ce que nous faisons et ce que nous disons dans des situations différentes, il n'y aurait alors pas de raison particulière de lui donner de la valeur[12]. Il n'y aurait aucune raison de penser que la vie privée soit de valeur si, selon leur point de vue, nous concluons que le désir d'être ou de dire des choses différentes dans des situations différentes sont indésirables – des preuves de tromperie, d'hypocrisie, de peur ou de manque d'authenticité – plutôt que des preuves de sensibilité sociale, de respect et de tact. Ainsi, un des avantages de justifier la vie privée d'une telle manière est qu'elle permet de traduire une croyance générale que si la vie privée a une valeur, c'est parce qu'elle fait quelque chose de bien, bien que le désir de vie privée soit parfois moralement déshonorant.

Il y a cependant des difficultés propres au fait de vouloir construire des arguments sur la valeur instrumentale ou bien intrinsèque de la vie privée, et ces difficultés se reflètent dans les débats actuels sur la vie privée. La principale difficulté avec les arguments instrumentaux sur la vie privée est que même si la vie privée a des conséquences bénéfiques, cela n'est peut-être pas une raison pour donner de la valeur à la *vie privée* plutôt qu'à ses *conséquences*. Il pourrait y avoir d'autres moyens de parvenir à ces mêmes conséquences bénéfiques et ceux-ci pourraient avoir des caractéristiques plus attrayantes et comporter moins de défauts que la vie privée. Ou bien, il peut être difficile de connaître la fréquence et la fiabilité à laquelle la vie privée produit ces bonnes conséquences, et ce en partie parce qu'il s'avère difficile de déterminer de façon précise les limites ou les caractéristiques de la vie privée. Bien souvent, nous manquons également de preuves empiriques nécessaires pour résoudre de manière persuasive les questions de cause à effet. Par conséquent, le problème principal avec les arguments instrumentaux est que nous

---

11 James, Rachels, « Why Privacy is Important », in ibid, pp. 290-299.
12 L'essai de Thomas Nagel, « Concealment and Exposure », d'abord édité dans la publication, Philosophy and Public Affairs, est également disponible dans la collection d'essais et de critiques littéraires dont beaucoup d'écrits traitent du sujet de la vie privée, Concealment and Exposure and Other Essays, Oxford University Press, 2002.

pouvons donner de la valeur aux conséquences produites par quelque chose sans pour autant être sûrs que c'est une raison de donner de la valeur à la manière dont elles ont été produites.

L'analyse de Thomas Nagel sur l'importance politique de la vie privée fait face à ces mêmes difficultés. Nagel croit que la rupture avec les conventions établies de la vie privée, depuis les années 1960, a été la cause de deux effets indésirables. D'une part, il pense qu'aux États-Unis, l'analyse politique et les débats ont été remplacés par des commérages politiques sur les amours, les habitudes personnelles et les faiblesses des politiciens et des fonctionnaires d'État, et que d'un autre côté, le niveau infantile des discussions publiques sur le sexe[13] ont empêché une plus grande compréhension de la complexité et de l'ambivalence des pratiques et des désirs sexuels. Selon cette approche, la vie privée a de la valeur principalement pour les bonnes conséquences qui en découlent : la capacité à se concentrer sur ce qui compte plutôt que d'être débordé ou distrait par ce qui est trivial, ou séduit par des idées réductrices et simplistes sur le caractère des personnes et basées sur des affirmations sensationnelles et lascives au sujet de leur sexualité.

Cependant, les facteurs qui conditionnent les analyses et les débats politiques contemporains sont peut-être moins liés aux changements des normes portant sur la vie privée, ou à la « perte » en général de la vie privée depuis les années 1960, qu'aux changements de propriété, du modèle économique et de la régulation des médias qui ont accru la difficulté de maintenir les journaux financièrement à flot et qui ont même forcé des chaînes de télévision et de radio de qualité à entrer en compétition avec des chaînes plus populaires dans la quête de parts d'audience et de revenus publicitaires. Si tel est le cas, il n'y aurait aucune raison particulière de s'attendre à ce que le respect de la vie privée influe sur la qualité du débat politique – que ce soit pour le meilleur ou pour le pire. Au Royaume-Uni, en effet, où la population est aujourd'hui plus tolérante envers l'homosexualité et de plus en plus hostile aux efforts de la presse d'exposer les expériences homosexuelles ou les relations des politiques, l'appétit pour l'analyse politique sérieuse ne semble pas pour autant plus importante que ce qu'elle était il y a de ça vingt ans, lorsque la population était plus sévère envers l'homosexualité. L'argument de Nagel sur la valeur de la vie privée repose donc sur un lien causal entre la vie privée et la qualité du débat public qui est certes évocateur mais difficile à prouver[14].

---

13 En plus de son essai, « Concealment and Exposure », les lecteurs pourront être intéressés par son débat avec le journaliste américain, Michael Kinsley, publié dans le magazine en ligne Slate.com et déclenché par l'affaire « Monica Lewinsky », ou sur la vie sexuelle du président américain Bill Clinton : http://www.slate.com/id/3627.

14 Susan Mendus offre une critique intéressante sur le désir de Nagel de réinstaurer des différences nettes entre les aspects de vie privée et publique des philosophes et des artistes dans « Private Faces in Public Places », in Kramer, Matthew et al., The Legacy of H.L.A Hart: Legal, Political and Moral Philosophy, Oxford University Press, 2008, pp. 299-315.

Toutefois, les affirmations qui posent que la vie privée est intrinsèquement de valeur ont aussi leurs propres problèmes. Le problème habituel, que la plupart d'entre nous ont du rencontrer à un moment ou à un autre, repose sur la difficulté de convaincre les autres quant à la valeur de quelque chose alors qu'ils ne lui en accordent aucune. Un problème moins familier, mais tout aussi difficile à résoudre, est que nous avons parfois à l'esprit des images conflictuelles d'une valeur : ce que je décris comme ayant une valeur intrinsèque peut vous paraître comme un exemple d'une valeur instrumentale. Nous pouvons distinguer une valeur d'une autre de maintes façons différentes et ainsi influer sur ce qui compte comme étant un exemple d'une valeur intrinsèque, plutôt qu'instrumentale. Ceux qui croient que la vie privée est une valeur intrinsèque sont donc confrontés à un ensemble de problèmes courants pour justifier leurs arguments, bien que ces difficultés aient moins à voir avec la nature de la vie privée per se qu'avec la difficulté de prouver une quelconque valeur intrinsèque.

C'est le cas de Jeffrey Reiman qui veut nous démontrer que la vie privée est une valeur intrinsèque plutôt que quelque chose de désirable car elle produit d'autres choses essentielles. Mais pour que cet argument soit valide, il faut s'accorder avec Reiman que les choses qu'il pense être essentielles le sont en effet, et que ces choses sont des exemples qui relèvent bien du champ de la vie privée et non d'un autre champ. « La vie privée est une pratique sociale », explique-t-il.

> « *Elle implique un ensemble de comportements qui va de s'abstenir de poser des questions sur ce qui ne nous regarde pas, de s'abstenir de regarder par une fenêtre ouverte en passant dans la rue, de s'abstenir d'ouvrir une porte fermée sans frapper, jusqu'à éviter d'enfoncer une porte sans mandat... La vie privée est une part essentielle des pratiques sociales complexes au travers desquelles le groupe social se reconnaît – et communique à l'individu – que son existence est la sienne.* »

Ainsi, Reiman traite de la difficulté de démontrer que la vie privée est une valeur intrinsèque en l'identifiant à quelque chose qu'il pense que nous pourrions facilement considérer comme essentielle – à savoir notre capacité à nous percevoir comme des personnes morales ou des agents – puis en décrivant la vie privée comme l'un de ses éléments, ou faisant partie, de cette chose essentielle[15].

C'est un argument en faveur de la vie privée et de son importance qui est subtil et attrayant, et il aide à expliquer les raisons pour lesquelles nous pouvons donner de la valeur à la vie privée même si nous n'avons rien à cacher – lorsque nous ne sommes pas préoccupés à garder enfoui un passé abominable ou honteux,

---

15 Jeffrey H., Reiman, « Privacy, Intimacy and Personhood », in Schoeman, F., Philosophical Dimensions of Privacy, op. cit., p. 310.

une expérience mortifiante ou des croyances ou des conduites embarrassantes. Cependant, l'importance spéciale de la *vie privée* dans le processus au travers duquel des enfants humains deviennent des agents moraux n'est pas tout à fait clair car la plupart de nos droits transmettent en filigrane l'idée qu'il existe certaines choses que d'autres ne peuvent pas nous faire, même pour notre propre bien. Ainsi, il est difficile de savoir si c'est bien la *vie privée*, plutôt que la liberté d'expression, ou la liberté des goûts et des poursuites selon John Stuart Mill[16], qui fait apparaître le fait que nos corps, nos esprits et nos goûts sont les nôtres. C'est pourquoi, même si nous concédons à Reiman qu'il est désirable que nous nous considérions consciemment comme des agents moraux, plutôt que d'agir moralement sans en avoir proprement conscience, nous pouvons toutefois nous demander s'il a bien décrit et expliqué de manière adéquate les raisons pour lesquelles nous devrions valoriser la vie privée.

Il peut alors être remarquablement difficile de démontrer que la vie privée a de la valeur, que cela soit en expliquant cette valeur de part les bonnes conséquences associées à la vie privée, ou en l'associant à une autre valeur que nous identifions grâce à ses particularités ou propriétés singulières. Cependant, ceux qui critiquent la vie privée sont confrontés à des problèmes similaires pour justifier leur propres arguments. Ainsi, dans un article célèbre, Catherine McKinnon avance:

> « Ce n'est probablement pas une coïncidence que les choses mêmes que le féminisme considère comme centrales à la soumission des femmes – l'endroit même, le corps ; les relations mêmes, hétérosexuelles ; les activités mêmes, le rapport sexuel et la reproduction ; et les sentiments mêmes, intimes – forment le cœur de ce qui est couvert par la doctrine de la vie privée. De ce point de vue, le concept légal de vie privée peut et a protégé la violence domestique, le viol conjugal, et l'exploitation du travail des femmes ; a préservé les institutions centrales dans lesquelles les femmes sont dépourvues d'identité, d'autonomie, de contrôle et de définition de soi ; et a protégé l'activité première au travers de laquelle la suprématie masculine est exprimée et appliquée. »[17]

Mais bien que McKinnon ait raison sur le fait que les protections légales de la vie privée ont souvent eu ces effets, il est moins évident que cela rende la vie privée intrinsèquement et irrémédiablement sexiste comme elle le laisse entendre. Par ailleurs, de nombreuses féministes ont été émues par l'argument de Virginia

---

16 Pour une défense passionnée de Mill sur l'importance de « la liberté des goûts et des poursuites », le lecteur pourra se référer au chapitre 3 sur l'individualité dans son merveilleux petit ouvrage, On Liberty. Il peut être acquis dans plusieurs éditions universitaires et il est disponible gratuitement en version anglaise sur http://www.bartleby.com/130/.

17 Catherine A., MacKinnon, Feminism Unmodified: Discourses on Life and Law, Harvard University Press, Cambridge, MA; p. 101.

Woolf dans *A Room of One's Own* que le manque de vie privée des femmes ait été l'obstacle majeur à leur propre développement et à leur propre expression ainsi qu'un signe puissant de leur statut de citoyen de seconde classe[18]. En conséquence, nous pourrions penser que McKinnon a largement raison sur les manières dont les perspectives philosophiques et légales sur la vie privée ont désavantagé les femmes en comparaison aux hommes – en partie, en leur refusant une vie privée dans leurs relations conjugales et sexuelles – sans supposer que ceci soit une caractéristique inaltérable et inéluctable des revendications à la vie privée[19].

Ainsi, il semble que nous soyons confrontés à la question de savoir s'il est possible de tirer des conclusions sur la valeur de la vie privée, ou si nous trouverons juste que toutes les affirmations que nous faisons sur sa valeur – bien que timides et provisoires – soient condamnées à l'échec ? La réponse à la première question est, je pense, « oui », et à la seconde « non ». Plus précisément, je compte suggérer que nous pouvons construire une perspective démocratique sur la vie privée à partir d'idées assez courantes sur ce qui fait que les gouvernements sont démocratiques plutôt que non-démocratiques, et des hypothèses largement partagées sur les raisons de favoriser le premier au second. Ceci nous apportera les points d'accord dont nous avons besoin et avec lesquels nous pourrons examiner les affirmations antagonistes sur la nature et la valeur de la vie privée, et nous aidera à déterminer les points de contention sur la vie privée qui peuvent être résolus, et les types d'information, de réflexion ou d'action dont nous aurons besoin pour les résoudre.

Commençons donc par considérer les différentes raisons de donner de la valeur à la vie privée implicites dans les protections démocratiques du secret dans le vote. Bien que le vote à bulletin secret ait été un temps profondément critiqué, il est aujourd'hui généralement reconnu comme une marque essentielle du gouvernement démocratique – en fait, aussi essentielle que le droit de voter lui-même. Par conséquent, le fait de réfléchir aux raisons pour lesquelles chacun devrait avoir droit à l'isolement, à l'anonymat et au secret lors du vote, plutôt que d'avoir à « se lever et être compté », peut nous aider à comprendre pourquoi la vie privée pourrait être de valeur, et ce que cette valeur a comme lien avec les idées démocratiques sur la liberté, l'égalité et le bonheur[20].

---

18 Ce petit ouvrage de Virginia Woolf, originalement publié en 1928, est largement disponible, de même que son essai Three Guineas, publié en 1938, qui se moque des institutions universitaires, de l'Église et de l'armée qui sollicitaient avidement le soutien des femmes alors qu'elles en étaient complètement exclues.

19 Je développe cet argument dans « Must Privacy and Equality Conflict? A Philosophical Examination of Some Legal Evidence », Social Research: An International Quarterly of the Social Sciences, vol. 67, n. 4, Winter 2000, pp. 1137-1171; « Feminism, Democracy and the Right to Privacy », Minerva, vol. 9, Nov. 2005, disponible en anglais sur: http://www.mic.ul.ie/stephen/vol9/Feminism.pdf; et « Privacy Rights and Democracy: A Contradiction in Terms? », Contemporary Political Theory, vol. 5, n. 2, May 2006, pp. 142-162.

20 Pour une approche différente du rôle de la vie privée dans la société démocratique, voir Corey, Brettschneider, Democratic Rights: The Substance of Self-Government, Princeton University Press, 2007, chapitre 4. Ma principale difficulté avec ce livre intéressant et important est que sa vision de la démocratie semble être

Le vote à bulletin secret

La justification classique du vote à bulletin secret est qu'il est nécessaire pour éviter que la corruption et la coercition n'entravent l'équité des élections. Le vote à bulletin secret nous permet de discuter de nos votes si nous le voulons – nous sommes libres de dévoiler à quiconque la manière dont nous avons voté et de persuader d'autres personnes de faire de même. C'est pourquoi le vote à bulletin secret est compatible avec la liberté d'expression, en incluant la liberté de demander aux autres ce qu'ils ont l'intention de voter ou comment ils ont voté. Néanmoins, le vote à bulletin secret signifie aussi que nous avons le droit de refuser de répondre à de telles questions, et ce sans être obligé de le faire légalement. Avant son introduction, les votants étaient souvent confrontés à des tentatives de soudoiement, de coercition ou d'intimidation afin de voter d'une manière plutôt que d'une autre. Le vote à bulletin secret ne permet pas complètement d'exclure ces tentatives, mais il les rend moins susceptibles de réussir et ainsi moins susceptibles d'avoir lieu. Par conséquent, la justification classique du vote à bulletin secret reflète le point important que le vote à bulletin secret est justifié pour sa valeur instrumentale – justification qui n'a pratiquement rien à voir avec la valeur de la vie privée per se – dans la mesure où il est important d'éviter les pots-de-vin et l'intimidation pour ne pas saboter les élections démocratiques.

Pourtant, l'avantage évident du vote à bulletin secret dans le combat contre la corruption et l'intimidation, ne devrait pas occulter les difficultés qui demeurent à traiter le vote à bulletin secret comme justifié *uniquement* pour cette raison. Si le vote à bulletin secret était justifié uniquement parce qu'il nous protège de la corruption et de l'intimidation, nous devrions alors supposer qu'en leur absence il n'y aurait aucun mal à forcer les gens à discuter de leurs intentions de vote et de leurs actes avec quiconque leur demandant. En fait, c'était précisément parce qu'il pensait de cette manière que John Stuart Mill, après mûre réflexion, a voté contre le vote à bulletin secret, sur les bases que d'ici les années 1860 les votants ne devraient plus avoir de craintes sérieuses de corruption ou d'intimidation, et pourraient être en mesure de s'opposer aux pressions des autres[21]. Plus récemment, Geoffrey Brennan et Philip Pettit ont démontré que le vote à bulletin secret n'est pas désirable

---

excessivement américaine et libérale, en mettant l'accent sur les valeurs d'autonomie politique, d'égalité d'intérêts et de réciprocité, et sur des débats américains concernant le droit constitutionnel à la vie privée.

21 Ceux intéressés par les idées de Mill sur le vote à bulletin secret et sur la politique en général peuvent consulter le livre de Nadia Urbinati, Mill on Democracy: From the Athenian Polis to Representative Government, University of Chicago Press, 2002. Les positions de Mill sur le vote à bulletin secret peuvent être trouvées au chapitre 10 de son livre Considerations on Representative Government.

bien que parfois nécessaire[22]. Donc, si la justification classique du vote à bulletin secret est correcte, nous devrions alors admettre, comme Mill, Brennan et Pettit, qu'il n'y aurait aucune objection à s'en débarrasser si nous n'étions pas soucieux de la sécurité des votants et de l'équité des élections.

Cela semble improbable. Les arguments en faveur du vote ouvert supposent que nous devrions être forcés de voter ouvertement parce que nous pouvons nuire aux autres par notre vote et que nous pouvons voter sur des considérations fausses ou immorales. De cette manière, nos erreurs peuvent être corrigées et l'idée d'être dénoncé comme étant égoïste, insensible ou stupide encouragera un vote moralement sensible et considéré. Cependant, le vote ouvert ne peut vraiment améliorer le vote que s'il y a suffisamment de personnes disposées et capables de corriger, plutôt que d'ignorer ou d'approuver, nos défauts. Et, bien sûr, nous devons assumer que les personnes qui sont insensibles à l'information et aux arguments, lorsqu'elles sont libres de ne pas les écouter, seront prêtes et capables de les accepter lorsqu'elles seront forcées de le faire. En conséquence, l'argument en faveur du vote ouvert reste problématique même si nous faisons abstraction des problèmes de coercition et d'intimidation.

Mais le problème majeur du vote à bulletin ouvert se trouve ailleurs et souligne l'importance de la vie privée pour la citoyenneté démocratique. Les citoyens démocratiques *ont le droit* de voter que cela plaise ou non aux autres, ou qu'ils soient d'accord avec leurs habitudes de vote. Ils ont un mot à dire sur leur manière d'être gouvernés qu'ils soient riches ou pauvres, éduqués ou non. Par contraste, nous n'avons pas le droit de représenter politiquement d'autres personnes à moins que nous ayons été choisis pour le faire. Alors que les législateurs démocratiques pourraient être plus vulnérables aux intimidations que les citoyens – ils sont relativement peu nombreux, et détiennent des pouvoirs spéciaux et une autorité qua législateurs – ceux sont ces premiers et non ces derniers qui doivent voter ouvertement et non dans le secret. Les législateurs possèdent des devoirs de responsabilité que les citoyens n'ont pas. C'est pourquoi ces premiers ont le devoir de voter ouvertement, bien que les citoyens, tout comme les législateurs, peuvent voter de manière incorrecte que ce soit par peur, par cupidité, par négligence, par confusion ou par ignorance.

Le vote à bulletin secret pour le citoyen reflète donc une idée démocratique importante : que le droit de vote des citoyens ne dépend pas de l'accord des autres, ou de la preuve d'une vertu, d'attributs ou de possessions spéciales. Alors que les droits démocratiques à la liberté d'expression et d'association signifient que les citoyens sont libres de consulter quiconque souhaité, le vote à bulletin secret signifie

---

22 Brennan, Geoffrey, Philip, Pettit, « Unveiling the Vote », British Journal of Political Science, vol. 20, n. 32, July 1990, pp. 311-33.

qu'ils peuvent prendre part à des décisions collectives contraignantes sans pour autant avoir à divulguer leur âme à quiconque le leur demande.

Ceci, je pense, est la raison principale pour laquelle le vote à bulletin secret est justifié, et qu'il est justifié même si le secret coûte en terme de sagesse, de transparence et de moralité des décisions. Toutefois, il y a une seconde raison pour laquelle le vote à bulletin secret est si important d'un point de vue démocratique et qui, comme la première, relie la valeur de la vie privée à l'appartenance à une société démocratique.

Ceux qui plaident en faveur du vote à scrutin ouvert supposent que l'humiliation publique peut être utilisée pour prévenir et pour punir les votes négligents, égoïstes ou ignorants. Mais bien qu'il soit possible que le vote ouvert puisse, dans l'ensemble, améliorer la qualité du vote, l'humiliation publique ainsi que la menace d'humiliation publique pour un vote incorrect sont difficiles à justifier. Le problème est le suivant : l'humiliation publique a de grandes chances d'être disproportionnée en comparaison au tort causé, et disproportionnée aux peines, si tant est qu'il y en a, jugées appropriées dans des cas similaires.

L'humiliation publique est un instrument contondant capable de pénaliser fortement ceux qui sont impopulaires, pauvres, timides, ou incapables de s'exprimer, plutôt que ceux qui ont commis les infractions les plus graves. Par ailleurs, ces peines ne sont pas liées, en générale, aux soucis d'équité, de réadaptation et de prévention qui limitent les formes légales de la sanction. Donc, même s'il est possible que le vote ouvert puisse vraiment agir sur le vote négligent, préjugé ou ignorant, il serait fautif en matière d'équité et d'égalité. C'est pourquoi les démocraties modernes se méfient de l'humiliation publique comme moyen de prévenir ou de punir l'immoralité : car il a de grandes chances de prendre des formes qui sont moralement arbitraires et qui entraverait le fait de nous voir et de nous traiter d'égal à égal. Par exemple, la publication d'images de personnes arrêtées ou interpellées est interdites en France, sauf en cas de condamnation. Et même aux États-Unis, où le « *perp walk* » (le fait de montrer en public la personne arrêtée de manière humiliante) est toujours autorisé, la pratique est souvent critiquée et stigmatisée.[23]

Si ces arguments sont corrects, justifier le vote à bulletin secret est plus compliqué qu'il n'y paraît, d'une part parce que le vote à bulletin secret pour les citoyens par rapport aux bulletin ouvert pour les législateurs législateurs permet de

---

23 Voir http://fr.wikipedia.org/wiki/Perp_walk et pour le débat sur le traitement de l'ancien directeur du Fonds Monétaire International, Dominique Strauss-Kahn, voir www.poynter.org/latestnews/als_morning-meeting/132692/is-it-ethical-to-use-perp-walk-images-of-dominique-strauss-khan-imf-chief-accused-of-attempted-rape/.

distinguer leurs pouvoirs et devoirs respectifs, et d'autre part parce qu'il reflète les préoccupations démocratiques sur l'égalité, le statut public et le traitement équitable des citoyens. Dans une société respectant la liberté d'expression, nous n'avons pas besoin d'être obligés de suivre des mini-tutoriels pour considérer les différentes approches du vote et de nos devoirs en tant que citoyens. Nous n'allons pas non plus manquer d'opportunités pour pouvoir discuter de nos doutes, poser nos questions, ou faire part de nos croyances politiques. Néanmoins, le vote à bulletin secret signifie que nous ne sommes pas forcés de défendre notre opinion sur le monde à d'autres qui ne seraient pas capables de comprendre ou de sympathiser avec celle-ci. Nous ne sommes pas non plus au risque de devenir un exemple public pour l'édification ou simplement pour le divertissement des autres.

Vie privée et/ ou démocratie ?

L'exemple du vote à bulletin secret nous montre que la vie privée peut être importante pour la liberté et l'égalité même si la protection de la vie privée signifie que nous ne pouvons pas éviter ou punir tous les comportements irréfléchis, égoïstes, ignorants ou abusifs. Il montre que la vie privée peut être particulièrement importante si les timides, les impopulaires, les excentriques et les vulnérables doivent participer aux événements d'importance nationale, même s'il est difficile de savoir à quel point, en son absence, la plupart des citoyens souffrirait de menaces, de coercition ou de corruption. Enfin, nous avons vu que le vote à bulletin secret reflète, et incarne publiquement, la croyance selon laquelle la plupart des citoyens, la plupart du temps, sont dignes de confiance pour exercer leurs droits et leurs devoirs sans pour autant être sujets à des tutoriels imposés, ou à un examen public de leurs intentions, croyances et intérêts.

Mais pouvons-nous donner de la valeur à la vie privée *et* à la démocratie ? L'exemple du vote à bulletin secret ne nous apporte-t-il pas un guide trompeur plutôt qu'utile sur la valeur de la vie privée, en suggérant que la vie privée est plus importante au gouvernement démocratique qu'elle ne l'est vraiment ? Après tout, même dans le cas du vote à bulletin secret il semble que la vie privée place des contraintes plutôt sévères sur l'information que nous pouvons demander aux autres et sur notre capacité à publier des faits réels sur eux. Mais la liberté d'expression et de la presse sont par un consentement commun des éléments essentiels au gouvernement démocratique, nous permettant de faire en sorte que les puissants rendent compte de leurs actions, de rendre public nos croyances et opinions sur la conduite correcte des affaires publiques, et d'informer et de débattre librement des questions qui façonnent nos vies en tant que société et en tant qu'individus. Alors que la plupart de l'information avec laquelle nous discutons de ces questions sont des généralisations statistiques, pour lesquelles les particularités n'ont pas de saillie ou de pertinence, les scientifiques en sciences sociales et historiens savent, eux, qu'une étude détaillée d'un cas particulier ou d'un individu peut illuminer le fonctionnement précis des mécanismes de causalité que des corrélations statistiques ne peuvent pas seules révéler, et peut fournir un sens aigu des événements ou problèmes que nous pourrions autrement rejeter comme étant fade, ennuyeux ou banal.

Que pouvons-nous donc apprendre sur la valeur de la vie privée en considérant les contraintes qu'elle place sur la liberté d'expression? Est-ce que la vie privée perd toute sa valeur quand elle rend difficile ou impossible de publier des faits réels sur les gens ? Si nous répondons « oui » à cette question, il semble alors que nous devrons dire adieu à la vie privée, et conclure que le vote à bulletin secret ne peut servir de guide pour saisir la valeur de la vie privée. Mais si nous décidons que la réponse est « non » – que la vie privée peut être de valeur même si parfois elle entre en conflit avec la découverte et la diffusion d'information réelle – quelles conclusions, si tant est qu'il y en a, pouvons-nous tirer sur l'importance de la vie privée et sa protection dans une société démocratique ?

Afin de répondre à ces questions, je suggère que nous commencions par explorer l'éthique du « *outing* » – ou la publication de faits réels sur l'orientation sexuelle d'une personne à son insu. Nous pourrons ensuite généraliser l'exemple pour considérer la publication sans consentement d'informations réelles sur la santé ou la conduite générale d'une personne et, à partir de ceci, essayer d'apporter des conclusions sur la nature des intérêts des personnes dans la vie privée et de leurs implications pour la liberté d'expression et la liberté de la presse.

Chapitre 2
Vie privée, égalité et liberté d'expression

Oliver Sipple et l'éthique du « outing »

Oliver Sipple était un ancien Marine américain, blessé au combat lors de la guerre du Vietnam. Sipple vivait à San Francisco, et le 22 septembre 1975, il rejoint la foule qui s'était rassemblée à l'extérieur de l'Hôtel *St Francis* pour voir le Président Ford. Il se tenait debout à côté de Sara Jane Moore lorsque celle-ci sortit un pistolet pour tirer sur le Président. Sipple réussit à la détourner de sa cible et à éviter plusieurs tirs. La police et les services secrets ont immédiatement loué Sipple pour ses actions. Le Président Ford le remercia par une lettre et les médias le présentèrent comme un héro.

Harvey Milk, un conseiller municipal de San Francisco ouvertement gay et ami de Sipple, vit cela comme une opportunité pour faire avancer les droits des homosexuels. Ainsi, sans consulter Sipple, il révéla l'homosexualité de ce dernier à Herb Caen, journaliste au *San Francisco Chronicle*. Caen publia l'information dûment, information qui fut reprise et diffusée à travers le monde.

Quoique Sipple était reconnu comme homosexuel par les membres de la communauté gay de San Francisco et il avait même participé à des Gay Pride, son orientation sexuelle était un secret bien gardé vis-à-vis de sa famille, qui reçu cette nouvelle comme un choc. Outragé, Sipple porta plainte contre le *Chronicle* pour atteinte à la vie privée, mais la Cour supérieure de San Francisco la rejeta. Sipple poursuivit sa bataille juridique jusqu'en mai 1984, lorsqu'une Cour d'appel d'État rejeta sa plainte au motif que Sipple était effectivement devenu sujet d'information et que sa sexualité faisait partie de l'histoire. Sipple décéda en février 1989 à l'âge de 47 ans.

L'histoire de Sipple présente quelques spécificités. Les intentions de Milk, notamment, n'étaient pas vindicatives et il n'avait aucune envie de blesser Sipple.

Son but consistait à utiliser la célébrité de celui-ci pour lutter contre le préjudice, le mépris et la peur envers ceux qui sont attirés sexuellement par des personnes du même sexe. En contraste avec les tentatives de faire connaître l'orientation sexuelle de certains politiques qui ont menti sur leur sexualité, ou ont approuvé voire attisé l'homophobie, Milk, lui, n'essayait pas de menacer ou de blesser Sipple. En fait, Milk n'imaginait peut-être même pas que Sipple réprouverait ses actions et qu'il souffrirait de l'hostilité de sa famille. En considérant le fait que Sipple menait sa vie homosexuelle ouvertement, Milk avait peut-être faussement supposé qu'il n'y avait aucun inconvénient à exposer la vie sexuelle de son ami. Néanmoins, le cas de Sipple illustre bien la difficulté du « *outing* » comme stratégie politique et révèle les raisons pour lesquelles il est souvent incorrect de rendre public des faits réels sur des personnes sans leur consentement.

Plusieurs choses paraissent injustes quant au « *outing* » de Sipple. La première tient au fait que Milk n'ait pas demandé à Sipple sa permission pour en parler à la presse, fait qui semble relever de l'abus et du mépris. Après tout, même si la sexualité d'une personne n'est en rien exceptionnelle, on peut tout de même objecter à ce qu'elle soit diffusée au monde entier ; et s'il est probable qu'elle apporte de la notoriété à cette personne, le fait que celle-ci puisse être sujette à des abus haineux si ce n'est à de la violence physique peut faire hésiter quant à sa diffusion, même si la personne n'a pas honte de sa sexualité. En conséquence, les actions de Milk restent troublantes même si nous ignorons le fait que, en tant qu'ami, Milk aurait dû considérer les intérêts et les sentiments de Sipple qui n'auraient pas été applicables à un étranger.

Deuxièmement, le cas de Sipple met en lumière à quel point il est facile pour quelqu'un de nous duper (ou de se duper soi-même) en pensant que nous en savons plus sur la vie et les intérêts des autres que nous en savons réellement. La plupart des cas d'« *outing* » n'implique pas un ami qui expose la vie sexuelle d'un autre, et ils sont souvent motivés par de la colère envers l'hypocrisie, l'injustice ou l'égoïsme – réelle ou supposée – de la part d'une personne quelconque. L'expérience de Sipple suggère donc que les personnes qui exposent la vie sexuelle d'autres personnes sont très souvent enclines à sous-estimer le mal qu'elles infligent aux autres – à leurs victimes immédiates, mais aussi à ceux qui les aiment ou dépendent d'elles[24]. C'est

---

24 Un tel exemple peut être retrouvé dans le point de vue de Richard Mohr : « De perdre la garde d'un enfant sur des raisons préjudiciables {comme par préjudice envers l'homosexualité} est, sûrement, de souffrir d'une indignité » - ce qui semble être une description incroyablement inadéquate d'un mal potentiel de l'« *outing* ». Ni, bien sûr, être une perspective qui attache de l'importance au préjudice possible subi par l'enfant. Ceci, car Mohr croit que « l'indignité élevée et maintenue par la convention du Secret est tellement grande et envahissante qu'il est possible que toute indignité personnelle soufferte annulera la dignité acquise dans la destruction de la convention au travers de l'« *outing* » ». Toutefois, si Mohr a raison sur le fait que les maux enfouis ne sont pas triviaux, mais substantiels et envahissants, il reste tout de même à démontrer que les nuisances créées par un acte individuel d'« *outing* » soient justifiées – que ce soit au travers des gains possibles de cet acte particulier au projet de changer les conventions sociales, ou pour tout autre raison. Voir Mohr R., *Gay Ideas: Outing and Other*

pourquoi l'« *outing* » sera souvent injustifié sur une base instrumentale ou conséquentialiste – car ses bénéfices ne sont pas certains, prévisibles, et, par leur nature, peuvent être réalisables d'une autre façon. En contrepartie, les atteintes sont normalement considérables et incontournables, alors que la totalité des répercussions du préjudice du « *outing* » peuvent être facilement sous estimées.

L'« *outing* » signifie simplement que l'on utilise une personne comme un moyen à nos propres fins. Le cas de Sipple suggère de manière saisissante qu'une telle démarche peut être moralement inquiétante quand bien même les fins sont partagées et activement endossées par la victime. Et cette particularité intéressante du cas de Sipple montre, je pense, la dimension *politique* des objections *éthiques* à l'« *outing* », et les manières dont celles-ci diffèrent d'une mesure conséquentialiste des bénéfices et des coûts, ou d'une préoccupation Kantienne sur les façons dont les personnes peuvent être abusées par d'autres. Ces dernières sont des objections à l'« *outing* » que nous pourrions formuler quelle que soit la société dans laquelle nous vivons, ou nos hypothèses portant sur la légitimité du gouvernement démocratique. En revanche, une perspective politique sur l'« *outing* » se concentre sur le pouvoir que l'« *outing* » implique et les difficultés à justifier ce type de pouvoir d'un point de vue démocratique.

L'« *outing* » implique qu'une personne ou un groupe revendique le droit de prendre des décisions potentiellement lourdes de conséquences sur la vie d'un adulte compétent, bien qu'ils n'aient pas été autorisés à le faire ; qu'ils soient typiquement dans l'impossibilité de réparer les atteintes qu'ils aient pu causer ; et qu'ils ne puissent être considérés comme des juges impartiaux ou experts sur les revendications contraires qu'ils proposent d'annuler. Ce pouvoir unilatéral, non-représentatif et irresponsable sur d'autres rend difficile de réconcilier l'« *outing* » avec la vie politique démocratique. Par conséquent, les objections morales et politiques contre un gouvernement absolu, bien que celui-ci soit bon et bien intentionné, aident à expliquer ce qui est éthiquement inquiétant sur l'« *outing* » même dans les cas où il permet d'atteindre des objectifs légitimes, y compris ceux qui sont soutenus par la victime.

Vie privée et l'éthique de la publication

Les intérêts démocratiques pour la liberté, l'égalité et la responsabilité signifient que les personnes devraient disposer de droits amples, mais pas pour autant absolus, sur l'information réelle qu'elles détiennent sur elles-mêmes, et cela

Controversies, Beacon Press, Boston, 1992, p. 34. Pour une discussion intéressante sur l'« outing » dans le contexte plus général de la politique de l'identité, voir Patricia Boling, *Privacy and the Politics of Intimate Life*, Cornell University Press, 1996, pp. 143-151.

quelque soit le but de publication de cette information, i.e. d'éclairer les autres, de les divertir, ou de promouvoir une cause morale ou politique légitime. Publier une information personnelle sensible, bien que vraie, ébranle la vie privée des personnes et menace leur statut public et leur égalité par rapport aux autres. Elle fait de certaines personnes des instruments pour le divertissement public ou l'édification sans prendre en considération les dommages que cela peut causer à leur propre respect ainsiqu'à leur capacité à commander du respect, de la confiance, de l'affection et de la loyauté de la part des autres, et sans prendre en considération les impacts sur des tierces parties.

Une telle publication, nous dit-on souvent, est justifiée par les défaillances morales de la victime, que ces défaillances impliquent des actes d'hypocrisie, d'ingratitude, d'infidélité sexuelle, de quêtes d'attention, ou, même, d'illégalité[25]. Quoique nos intérêts de contrôler de l'information sensible peuvent être intéressés, nos intérêts dans la vie privée vont bien au-delà. Le contrôle de l'information personnelle nous permet de protéger les sentiments d'autres personnes, comme le montre le cas de Sipple, et de répondre à leurs besoins et à leurs inquiétudes même lorsque nous ne les partageons pas. Un tel contrôle nous permet d'agir avec tact, discrétion, respect, et avec un sens du devoir, que la confidentialité protège ou non nos propres intérêts. Il nous permet de distinguer ce qui est dû à ceux qui se sont occupés de nous, et envers qui nous avons des devoirs spéciaux de soin et d'attention, et ce qui est dû à ceux envers qui nous n'avons pas de devoirs spécifiques. En somme, nos intérêts dans la confidentialité ne sont pas réductibles à nos intérêts d'éviter l'embarras, la douleur, la honte ou l'indignité – bien qu'importants – mais inclus également nos intérêts à combler les besoins et les demandes des autres pour qui, malgré toutes les limites de leur imagination et de leur sympathie, nous pouvons ressentir de l'amour, ainsi que des devoirs de considération, de soin, et d'attention.

La protection de la vie privée peut donc promouvoir la liberté personnelle et politique ainsi que notre capacité à créer toute une variété de liens personnels et politiques avec les autres. Que nos intérêts expressifs soient artistiques,

---

25 Voir, par exemple, « The Threat to Our Press » par Paul Dacre, dans *The Guardian*, 10 November 2008. Dacre se plaint à raison que les lois de diffamation en Grande-Bretagne menacent constamment de banqueroute les journaux et les journalistes pour publier des faits d'intérêt public légitimes. « Aujourd'hui, les journaux, et même les riches comme le Mail, réfléchissent longuement et sérieusement avant de contester des décisions même s'ils savent qu'ils ont raison, par peur d'implications financièrement ruineuses. Pour la presse locale, de telles actions sont hors de question. Ils préfèrent, à la place, payer, des sommes d'argent qu'ils ne peuvent même pas se permettre, afin de pouvoir conclure le plus vite possible et ainsi éviter de s'engager dans des actions de justice – lesquelles, s'ils perdent, peuvent, dans certains cas, se solder par la faillite. » Toutefois, il semble également supposer que c'est bien le rôle des médias que de policer la morale de la nation, et donc, il considère qu'il est évident que des relations sexuelles sadomasochistes consentantes soient « perverses, dépravées, l'abrogation même du comportement civilisé » et que les journaux devraient être en droit de publier de tels récits de comportements, si cela peut persuader un des participants de fournir des détails salaces contre une rémunération. http://www.guardian.co.uk/media/2008/nov/10/paul-dacre-press-threats.

scientifiques, sexuels ou religieux – et que notre moyen de communication soit des gestes et des comportements ou des mots et des images – la protection de la vie privée protège notre capacité à explorer le monde et notre place en son sein, et de communiquer ce que nous avons découvert sans en exagérer son importance ou devoir garantir sa vérité, sa beauté ou son utilité. Bien qu'il soit donc naturel pour ceux dont la vie tourne autour de l'excitation et de la frustration du travail scientifique de vouloir en discuter avec ceux qui partagent ces excitations et ces frustrations, il est tout aussi naturel pour ceux dont les intérêts familiaux sont primordiaux – de vouloir discuter de leur bébé et de son manque de sommeil nocturne – d'être libres de le faire sans être obligés d'inclure le monde entier dans cette discussion ou de prétendre que leurs intérêts à discuter de telles questions ont de l'importance pour quelqu'un mis-à-part eux-mêmes[26].

Comme Louis Brandeis le fit remarquer, vos intérêts privés dans votre journal intime ne dépendent pas de sa valeur économique ou artistique, ou de son importance pour d'autres personnes, mais du fait que vous ayez créé son contenu et ne voulez pas l'exposer au grand jour[27]. Par conséquent, pensait-il, vous devriez pouvoir garder votre journal intime pour vous-mêmes ou le montrer seulement à ceux en qui vous avez confiance, même si vos descriptions de couchers de soleil magnifiques, vos déceptions amoureuses, vos espoirs pour le futur sont, de manière objective, complètement ordinaires et peu enclins à vous différencier de centaines, voire de milliers, d'autres personnes. Cela va de même pour vos conversations nocturnes avec vos amis. Ceux-ci seront pour la plupart d'ordre général et ont peu de chance de révéler quoique ce soit de dommageable pour eux ou pour vous. Mais, bien que vous n'ayez rien à craindre si leur contenu était entendu, ce qui est essentiel dans la plupart de nos conversations, c'est bien moins la valeur intrinsèque de ce que nous disons, ou de nos actions, que leur rôle dans la création, la reconnaissance, la consolidation – ou la fin – de nos relations avec les autres.

La vie privée nous permet de donner du sens à des paroles et à des objets qui, si on les considère objectivement, n'ont aucune valeur particulière, tout comme elle nous donne la capacité de distinguer et de donner du sens aux relations et aux associations qui reflètent nos goûts, nos intérêts différents, et donc, nos particularités en tant que personne. La protection de la vie privée nous permet, alors,

---

26 Par exemple, il n'y a aucune raison de penser que votre demande de former un groupe de sport doive dépendre de la preuve que les églises, les lieux de travail, etc. n'organisent d'événements sportifs – et ne soit pas non plus basée sur l'explication qu'il leur serait impossible de le faire. En résumé, il ne devrait pas être requis de faire des éloges invraisemblables sur la singularité, les mérites ou les besoins d'une association afin d'être libre avec d'autres de se réunir autour d'un projet commun. Comme le note Weinstein en discutant d'Hegel, il y a de bonnes raisons à donner de la valeur au fait que la vie privée enlève le besoin d'exagérer les mérites d'une position ou d'une association. Weinstein, W. L., « The Private and the Free: A Conceptual Inquiry », in Chapman J., Pennock R (dirs.), Privacy: Nomos XIII, Atherton Press, New York, 1971, note de bas de page 29, p. 47.

27 Voir, « The Right to Privacy [The implicit made explicit] » par Samuel D. Warren et Louis D. Brandeis, originalement publié dans Harvard Law Review, et réimprimé dans Schoeman, Ferdinand D. (dir), Philosophical Dimensions of Privacy, op.cit., pp. 75-103.

de nous exprimer d'une manière qui serait autrement difficile ou impossible puisque l'embarras, la conscience de soi, la timidité, le désir de ne pas offenser, la peur d'ennuyer les autres, ou de dévoiler notre ignorance, nous empêche de tenter d'articuler nos pensées, nos sentiments, nos expériences, ou de les transmettre aux autres.

Une partie de cette expression peut bien sûr être rebutante – égoïste, rustre, raciste – et les esprits et les corps révélés peuvent être piètres, paresseux ou laids. Et il est certainement vrai que certaines des choses que la vie privée nous permet de dire et de partager sont – et devraient être – illégales, et peuvent par conséquent être découvertes et punissables par la loi. Mais il est difficile d'imaginer comment nous pourrions mener des vies riches et satisfaisantes si nous ne sommes pas en capacité de différencier nos relations avec les autres; ou comment nous pourrions remplir nos devoirs à moins que nous puissions identifier, considérer et ordonner les différentes demandes d'attention, de temps et de soin auxquelles cela donne lieu. Aussi, les protections de la vie privée en matière de confidentialité et d'intimité, de même qu'en matière d'expression politique, sont importantes, en nous permettant de développer nos capacités morales et politiques, y compris notre propre sens de nous-mêmes en tant qu'individus, et en tant que membres d'un nombre potentiellement infini de groupes différents.

Ceci ne veut pas pour autant dire que les droits à la vie privée sont absolus, ou qu'ils surpassent invariablement les droits à la liberté d'expression si, et quand, les deux sont en conflit. Ce n'est pas ce qu'implique vote à bulletin secret, qui concerne des informations réelles mais potentiellement sensibles sur nos choix politiques, nos identités, nos valeurs et nos allégeances. C'est pourquoi, il n'y a aucune raison de supposer que cela est vrai quand ce qui est en jeu est l'information sur nos choix personnels, nos identités, nos valeurs et allégeances.

Si vous êtes célèbre et clairement malade, vous pouvez vous attendre à être l'objet de commérages et de spéculation. Mais il ne s'ensuit pas pour autant que vous devriez anticiper ce qui est maintenant inévitable : la diffusion publique d'un tel commérage et son traitement comme moyen de gloire et de fortune pour des inconnus. De même, si vous êtes célèbre et pris titubant en état d'ivresse, ou fréquentant des personnes de mauvaise réputation, vous pouvez vous attendre à être considéré défavorablement par ceux qui en prennent connaissance. Comme John Stuart Mill l'a souligné, une telle connaissance et la condamnation personnelle résultante sont la conséquence inévitable de la vie sociale dans une société libre. Comme il l'écrit,

> « *Celui qui montre de l'impétuosité, de l'opiniâtreté, de la suffisance – qui ne peut pas vivre selon des moyens modérés – qui ne peut pas s'abstenir*

d'indulgences blessantes... doit s'attendre à être rabaissé dans l'opinion des autres et à avoir une moindre part dans leurs sentiments favorables ».[28]

Ce qui n'est pas inévitable, cependant, est l'industrialisation du commérage et son marketing à une audience de masse en tant que forme de divertissement, de titillation et d'éducation.

Un tel commérage industrialisé est difficilement justifiable moralement, même si nous sommes enclins à penser que cela devrait être légal. Selon Stanley Benn, il est faux de considérer la vie d'un artiste simplement comme une source de divertissement[29], car cela revient à traiter l'artiste comme une personne dont les sentiments ne pourraient être blessés, et dont les désirs ou projets ne pourraient être lésés par notre attention envahissante. L'éducation du public peut normalement être acquise par d'autres moyens que le battage médiatique inopportun et forcé provenant du « *outing* », tout comme elle peut être normalement acquise par d'autres moyens que des tutoriels publiques obligatoires tant appréciées des défenseurs du vote ouvert. Par conséquent, il est normalement possible d'atteindre n'importe quels buts légitimes visé par la publication de commérages sans pour autant humilier et dégrader des personnes, même s'ils ont pu être ridicules ou bien complices dans leur humiliation.

De plus, il est généralement injuste de singulariser publiquement certains individus pour donner une leçon aux autres – que ce soit pour démontrer les dangers de l'abus d'alcool ou de drogues ; les vertus de la monogamie, les tentations et les écueils de la gloire – alors que plusieurs centaines voire milliers d'autres victimes auraient pu être choisies selon la même justification et avec le même succès pour illustrer une telle leçon. Ceci est d'autant plus vrai lorsque le tuteur s'est auto-proclamé, d'une moralité manifestement mauvaise, car il est souvent incapable de rectifier ni même de reconnaître les torts causés par une telle leçon. Ceci est le cas pour le « *outing* » d'un seul individu, comme pour Milk, de même que pour la publication de commérages salaces, embarrassants, drôles ou surprenants de la part des journalistes : justifier une telle publication, dans n'importe quel cas, paraîtra sûrement factice, spéculatif et peu convaincant, et pose la question du pourquoi *cet* individu est à même de rejeter le désir de vie privée de *cette* personne en particulier.

Pourtant, l'« *outing* » n'est pas toujours immoral. Parfois, il n'existe pas d'autres façons de défier des formes d'hypocrisie, de manipulation et de préjudice

---

28 Cette citation est tirée du texte de Mill, On Liberty, chapitre 4, « Of the limits to the authority of society over the individual ». La version anglaise du texte intégral On Liberty est disponible gratuitement sur Internet mais d'excellentes éditions académiques peuvent être facilement acquises.

29 Stanley Benn: « Traiter la vie d'un artiste comme simple matière à divertissement revient à ne pas lui donner plus de considération en tant que personne qu'à un animal dans une ménagerie », p. 233. « Privacy, Freedom and Respect for Persons » in Schoeman, F., Philosophical Dimensions of Privacy, op. cit., pp. 223-244

dommageables que d'exposer ceux qui y sont impliqués – ou d'autres façons qui n'impliquent pas de torts comparables aux intérêts et droits des autres personnes. L'importance à laquelle le Parti Conservateur britannique sous le Premier ministre Margaret Thatcher attachait aux « valeurs familiales », comme guide à l'économie et à la moralité publique, fait qu'il était peu surprenant que des ministres, comme Cecil Parkinson – engagés dans une liaison adultère – soient « *outés* » par les journalistes et, comme cela fût le cas, soient forcés à démissionner de leur position de ministres[30]. Il n'est pas non plus déraisonnable de demander au Premier ministre Tony Blair si ses enfants ont tous été vaccinés après la frénésie provoquée par des questions sur la sûreté du vaccin rougeole, oreillons et rubéole à cette période et ses discours rassurants sur la sécurité et l'importance de ce vaccin pour la santé publique[31].

En revanche, alors qu'un comportement illégal nous ouvre à l'investigation légale, à la sanction et à des poursuites judiciaires, il nous est pas toujours justifié de rendre public une telle conduite, ou de la signaler d'une telle manière qu'elle sera fortement sujette à une large attention, spéculation et discussion publique. Les lois sont parfois injustes et, même quand elles sont justifiées, leur violation n'est peut-être pas une preuve de mauvaise moralité ou de mauvaise volonté, mais plutôt la preuve d'une distraction momentanée, ou de dépression, de confusion mentale ou encore de désespoir. C'est pourquoi, même dans le cas d'une conduite illégale, ce qu'il nous est justifié de rendre public dépend de nos responsabilités personnelles et professionnelles ainsi que des alternatives possibles et non pas du seul statut légal de la conduite.

Vie privée, liberté d'expression et la presse

Les demandes à la vie privée concernant des faits réels peuvent donc être difficiles d'évaluer. L'immoralité ou l'illégalité ne nous prive pas automatiquement de nos droits à la vie privée concernant des faits réels à notre sujet. . Ces droits dépendent de l'importance des droits particuliers à la vie privée en vertu de notre liberté, notre égalité et notre statut social, et de leur importance relative par rapport aux considérations morales et politiques qui justifieraient de violer cette vie privée.

Par exemple, la gravité d'une fraude électorale, d'un point de vue démocratique, justifierait la vérification légale des bulletins de vote par des fonctionnaires électoraux, alors qu'un vote malhonnête ne le serait pas, même si le premier avait été commis avec les meilleures intentions et sans effet évident sur le résultat des élections et que le dernier aurait signifié rompre une promesse

---

30 Les détails peuvent être trouvés http://en.wikipedia.org/wiki/Sara_Keays#Parkinson.27s_resignation.
31 Voir, par exemple, les liens en anglais http://news.bbc.co.uk/1/hi/health/5118166.stm et http://news.bbc.co.uk/1/hi/health/1803609.stm.

juridiquement contraignante ou de commettre un tort moralement grave. De même, l'importance publique d'une information exacte sur l'état de santé de Steve Jobs diffère de celle sur le statut VIH d'un sportif à la retraite comme Arthur Ashe, bien qu'il soit admiré. Des millions de personnes seront inévitablement concernées par le futur d'Apple, tout les obligations légales de nombreuses personnes seront altérées par la santé de Jobs si nous considérons les implications probables pour l'état financier et les perspectives d'Apple. Ainsi, bien que nous puissions facilement sympathiser avec les efforts de Jobs de garder son état de santé secret, il y a de bonnes raisons de penser qu'il était moralement obligé de révéler qu'il souffrait d'un cancer, si c'était le cas, du moment qu'il comptait maintenir sa position au sein d'Apple[32].

En revanche, le mauvais état de santé voire la mort imminente d'une personne telle que Ashe peut très bien être source de tristesse pour une grande partie des personnes qui ne l'ont pas connu personnellement, mais qui ont admiré ses réalisations dans le monde du tennis, et ses efforts pour confronter l'injustice et le préjudice racial aux États-Unis et à l'étranger. Cependant, l'information réelle sur l'état de santé de Ashe n'a eu aucune incidence sur les devoirs moraux ou juridiques de personnes inconnues. En conséquent, il n'y avait aucune raison pour laquelle Ashe, durant sa vie, aurait pu être légitimement menacé avec la publication de son statut VIH positif, ou utilisé comme modèle pour montrer l'importance de la transmission du virus dans les milieux non-homosexuels en Occident.

Il serait donc faux de confondre la liberté de la presse avec la liberté d'expression, ou de supposer que la vie privée et la liberté d'expression soient antagonistes, c'est-à-dire enfermées dans un jeu à somme nulle où les gains de l'une ne peuvent se faire qu'au détriment de l'autre. Les intérêts que nous avons dans notre capacité à nous exprimer librement et de communiquer avec les autres sont variés et ne peuvent pas être réduits à des intérêts de libre accès aux idées et aux expériences d'autres personnes. De ce fait, la liberté d'expression doit être comprise comme incluant les plaisanteries privées, les codes, les grognes, les plaintes, les expressions d'amour, d'espoir, de passion et de besoin, ou encore la capacité de discuter à propos d'expériences partagées, de significations et d'idées implicitement plutôt qu'explicitement.

La protection de la vie privée des personnes signifie par conséquent qu'il est légalement possible de demander et d'obtenir des dommages pour des atteintes injustifiées à la vie privée, et que la presse devrait être régulée de manière à ce

---

32 Pour une discussion intéressante du sujet voir Financial Times, Wednesday. July 30, 2008, p. 12: « Judgment Call: Four Professionals Offer expert advice: Do investors have a right to know about a CEO's illness? ». Je pense que ce ne sont pas seulement les investisseurs qui devraient être dans le savoir, mais aussi le professionnels de l'investissement et, de fait, le personnel de la compagnie.

qu'elle respecte les demandes à la vie privée des personnes. Ainsi, nous ne pouvons pas résoudre les conflits quant aux demandes respectives à la vie privée et à la liberté de la presse en supposant que l'une a intrinsèquement plus de valeur que l'autre. Au lieu de cela, nous devrons identifier et évaluer les intérêts expressifs et ceux liés à la vie privée en question lorsqu'un conflit se présente, tout en gardant à l'esprit que si, dans une démocratie, le droit de publier ne dépend pas du mérite littéraire, moral ou politique, le respect de la vie privée ne s'applique pas uniquement aux vertueux, aux sensibles ou aux inintéressants. Dans certains cas, cela signifie qu'une autobiographie aura le droit d'envahir la vie privée d'autres personnes sans que cela soit le cas pour un récit journalistique ou biographique sur un sujet similaire.

Par exemple, il y a peu de chance que nous recommandions la lecture d'une histoire qui fait part d'une aventure d'un soir ou même d'une liaison entre une personne inconnue et une personne célèbre ['kiss and tell' story] . Le format ne se prête pas à beaucoup de variation ou de réflexion, quoi qu'il est un excellent moyen de divulguer des rancœurs personnelleset de se justifier ou se féliciter soi-même. Pour autant, les citoyens doivent être libres de décrire leurs vies et leurs relations, d'utiliser leur vie en tant qu'art, science ou en tant qu'exemple pour d'autres. Parce que nos vies sont liées aux vies des autres, il s'ensuit que nous sommes légalement en droit de décrire et de rendre public beaucoup d'éléments de la vie d'autres personnes sans leur en demander la permission dès lors que nous avons le droit de décrire et de rendre public nos propres vies. Sinon, il serait pratiquement impossible pour la plupart d'entre nous de décrire, de discuter et d'explorer publiquement les événements importants, les relations, les contraintes et les opportunités de nos vies. Cela signifie qu'il doit être légal de publier des récits, autobiographies et rapports qui sont de qualité et de goûts douteux, et qui exposent les fautes morales, telles que l'égoïsme, la complaisance, le manque de sincérité, et la malhonnêteté, du moment qu'ils ne sont pas diffamatoires.

Par conséquent, ces histoires d'aventures amoureuses ou sexuelles ['kiss and tell' stories] offrent un exemple où il est peu probable que les intérêts à la vie privée – de ceux qui ne souhaitent pas voir ces révélations publiées – justifient des contraintes légales concernant la capacité d'une personne à publier « son histoire » et à profiter financièrement de cette liberté légale de le faire[33]. Cela ne signifie pas pour autant que la protection de la vie privée ne puisse déterminer d'autres aspects de la publication de ce genre d'histoire de romance. Par exemple, il peut être désirable de limiter l'intensité et la fréquence auxquelles les journalistes sont autorisés à rechercher ou à tenter d'interroger des parties tierces dans ces histoires,

---

33 Les journaux ont un intérêt à payer le moins possible ce genre de récits ; il ne semble donc pas nécessaire, de même qu'il ne serait pas désirable, de rendre illégal le paiement de la part de journaux de personnes afin de publier ce genre de récits sur leur vie, même si ce paiement a des chances d'augmenter leur offre et par conséquent les atteintes à la vie privée que cela implique.

tels que les enfants ou les épouses, même si cela rend plus difficile d'interroger l'auteur de l'histoire et son sujet principal. Au Royaume Uni, par exemple, les familles de ceux impliqués dans la frénésie médiatique souffrent d'un tel comportement – une foule de journalistes et de photographes qui les suivent partout ; le téléphone et la porte qui sonnent à répétition ; leur incapacité à sortir de chez eux sans être cernés par une foule de journalistes – qui en somme ressemble bien plus à du harcèlement et qui a de fortes chances d'effrayer les enfants, et même les adultes impliqués. Aucun droit à l'expression personnelle ne peut justifier un tel comportement, ni un quelconque « droit à la publication » ; savoir ce que les personnes ressentent et pensent ne le justifient pas non plus.

Il pourrait aussi être souhaitable que les journaux publient les sommes qu'ils ont offertes, et par la suite payées, pour la publication de telles révélations ; afin que leurs lecteurs puissent savoir s'ils sont les commanditaires de l'histoire ou bien s'ils ont simplement accepté de la publier, et ainsi de suite. Si ceci était une pratique standard, les lecteurs seraient mieux à même de juger le degré d'utilisation des journaux à des fins de rancunes ou de querelles, et de connaître la mesure dans laquelle ils sont à l'origine d'histoires qui, sous couvert d'autobiographie, décrivent et évaluent publiquement la vie privée de personnes célèbres.

Publier le prix auquel de telles histoires se vendent peut, pour un temps, contribuer à accroître l'offre ainsi que les atteintes à la vie privée qui les accompagnent. Mais comme tout le monde le sait, vendre une histoire de liaison sexuelle avec des personnes célèbres constitue un moyen de se faire de l'argent, et même, de débuter une carrière. Il n'y a donc aucune raison pour que les journaux ne publient pas les sommes impliquées et le processus des négociations. Ceci pourrait aider le public à mieux comprendre l'économie lucrative d'une partie de la profession journalistique et faciliterait la compréhension du prix de marché, si ce n'est de la valeur, de la vie privée.

Cependant, les justifications autobiographiques à des fins de publication d'information portant atteinte à la vie privée ne s'appliquent pas automatiquement à des publications de personnes tierces, que ce soit de type biographique ou journalistique. Lorsque les célébrités ne désirent pas renoncer à leur vie privée et font en sorte de la préserver – par exemple, en ne s'étalant pas accompagnées en publique, en étant discrètes, et ainsi de suite – il est difficile de comprendre pourquoi les journalistes seraient en droit de les poursuivre et de publier des histoires sur leur vie sexuelle. Ces histoires seront certes divertissantes, et même informatives, mais la curiosité sur la vie sexuelle d'adultes consentants ne peut pas expliquer pourquoi des personnes qui autrement ont droit à la vie privée en seraient dépourvues. Aussi, les raisons pour lesquelles il devrait être légal de publier des révélations de nos 'romances', bien qu'elles portent atteinte à la vie privée d'autres personnes, ne s'appliquent pas dans les cas où aucune des personnes impliquées désirent renoncer à leur vie privée[34].

Ceci ne tient pas au fait que l'autobiographie est plus importante, plus expressive ou plus intéressante que la biographie, ou qu'il soit moralement supérieur d'écrire sur soi-même plutôt que sur les autres – l'inverse est souvent vrai. Toute conception démocratique de la liberté d'expression offrira d'importantes protections pour des récits biographiques ou journalistiques sur les idées, les actions ou les expériences de personnes, et l'importance de protéger une telle expression justifiera sûrement certaines limites à la vie privée pour des hommes politiques ou des personnes qui assument des positions de pouvoir et d'influence[35]. Cependant, lorsqu'il s'agit d'histoires relatives à la vie sexuelle de célébrités, ou de futures célébrités, j'ai démontré que les personnes ont des revendications plus fortes à publier leurs propres histoires de vie, même si cela signifie publier les détails de vie d'autres personnes, que de publier des histoires portant sur d'autres personnes qui n'ont pas le désir ni l'obligation de renoncer à leur vie privée, bien qu'elles puissent être fascinantes.

* * *

Dans les deux chapitres précédents, j'ai soutenu l'argument que nous avions des intérêts personnels et politiques importants dans la confidentialité, qui sont intimement liées aux idées démocratiques quant à la manière dont le pouvoir devrait être distribué, utilisé et justifié dans une société. Selon ce point de vue, des personnes ordinaires, avec leurs fautes morales familières et leurs capacités limitées mais toutefois réelles à la sensibilité, à l'altruisme et à la sagesse, sont en droit de se gouverner elles mêmes et, ce faisant, d'assumer la responsabilité de la vie des autres. Ceci suggère, qu'elles n'ont pas besoin d'être constamment réprimandées ou supervisées pour bien agir, bien qu'elles soient, à juste titre, responsables envers les autorités publiques appropriées dans leur exercice de pouvoirs publics, dans leurs utilisations des ressources publiques et dans leur respect des droits de chacun. Par conséquent, comme nous l'avons vu, les revendications en faveur de la confidentialité ne dépendent pas de l'utilité de cette dernière pour les autres, ou de ce que ces personnes veulent en faire moralement, esthétiquement, politiquement, ou économiquement parlant.

---

34 Le 3 octobre 2010, le journal The News of the World publia des excuses à Vanessa Perroncel pour atteinte à sa vie privée et accepta que les affirmations tenues à propos de la relation de celle-ci avec le footballeur John Terry étaient fausses. http://www.guardian.co.uk/media/greenslade/2010/oct/07/newsoftheworld-john-terry (en anglais).

35 Pour une discussion utile de la vie privée des politiques – et qui s'intéresse aux questions de pouvoir et de responsabilité dans les organismes gouvernementaux et les agences administratives, voir Dennis F., Thompson, Political Ethics and Public Office, Harvard University Press, 1987, chapitre 5.

Dans le chapitre suivant, nous allons passer de la recherche des aspects informationnels de la vie privée à ses associations au sexuel, au familial et au domestique. Nous avons vu que dans une démocratie, nos mots et nos pensées ne doivent pas être particulièrement révélateurs, expressifs, dangereux ou embarrassants pour que nous puissions être en droit de les garder pour nous mêmes, pas plus que nous avons à démontrer qu'ils ont une importance esthétique, scientifique, morale ou politique spéciale pour justifier leur publication. Comme nous le verrons, ceci signifie que les personnes doivent avoir une latitude considérable dans la conduite de leurs relations sexuelles, familiales et domestiques, même si leurs mérites intrinsèques sont incertains, de même que leur valeur aux autres.

Chapitre 3
Vie privée: la famille, le sexuel et la reproduction

Nous avons vu que les protections de la vie privée peuvent refléter les demandes de liberté de chacun, bien que la vie privée contraigne inévitablement ce que nous savons et nous pouvons dire sur chacun, et ce que nous pouvons faire à chacun. Nous avons également vu que la vie privée peut protéger l'égalité et la dignité des individus en les préservant de formes d'hostilité et de répression arbitraires, de même que de discrédits injustes concernant leur caractère, leur jugement et leur motivation. Ceci nous donne plusieurs raisons de penser que les personnes devraient être en droit à une grande marge dans la conduite de leurs affaires sexuelles, familiales et domestiques, car celles-ci sont des aspects de la vie où nous sommes typiquement enclins à questionner la sagesse, la vertu et la décence des autres et où nous supposons trop volontiers que les comportements qui nous semblent familiers ou auxquels nous souscrivons sont bienfaisants, évidents et valides.

Toutefois, les détracteurs de la vie privée se sont plaint du fait que considérer la famille comme privée perpétue les inégalités arbitraires au sein et entre les familles et fausse à tort les politiques et les institutions sociales en faveur de ceux qui sont déjà puissants, prisés et bien placés pour avancer leurs intérêts, et contre ceux – comme les jeunes, les personnes âgées, les personnes souffrant de handicap et les personnes pauvres économiquement – qui pourraient avoir besoin d'assistance pour répondre à leurs besoins basiques, sans parler d'identifier et de développer leurs talents et leurs capacités[36]. Nous ne pouvons penser à la famille, au sexuel et à la reproduction comme sujets privés, semble-t-il, qu'au prix des engagements démocratiques envers la liberté, l'égalité et la solidarité sociale. Mais est-ce vraiment le cas, ou est-il possible de s'intéresser à la manière dont la vie familiale reproduit les schémas injustes de pouvoir et de privilèges tout en donnant de la valeur à la vie privée ?

Afin de répondre à ces questions, je suggère que nous commencions par étudier les associations féodales implicites dans le vieux proverbe « la maison d'un homme est son château »[37]. Une telle démarche nous aidera à reconnaître l'importance des libertés que nous prenons souvent pour acquises, et dont nous avons tendance à négliger la centralité dans un gouvernement démocratique. Mais

---

36 Pour des présentations et discussions de ces critiques voir Catherine, MacKinnon, Feminism Unmodified, Harvard University Press, Cambridge Ma., 1984; Susan, Moller Okin, Justice, Gender and the Family, Basic Books, New York, 1989, particulièrement les chapitres 6 et 7, pp. 110-169; Jean L., Cohen, Regulating Intimacy: A New Legal Paradigm, Princeton University Press, 2002.

37 Note du traducteur: le proverbe original est « an Englishman's home is his castle ».

ceci nous aidera également à penser aux différences qui existent entre des formes démocratiques et non-démocratiques de vie familiale et à comprendre ce que ces différences impliquent pour la nature et la valeur de la vie privée au sein du lieu de travail, de l'armée et de la politique autant qu'au sein du foyer.

La maison d'un homme est son château

Il peut paraître étrange d'utiliser l'affirmation de Coke, que la maison d'un homme est son château, comme guide à la valeur de la vie privée dans une société démocratique tant ses associations sont sexistes, nationalistes et féodales[38]. De plus, cette phrase est souvent interprétée comme signifiant que chacun peut faire ce qu'il veut chez soi, ce qui le rendrait invraisemblable comme guide à la moralité politique ou personnelle. Cependant, un meurtre chez soi reste un meurtre et même les seigneurs féodaux avaient des devoirs d'obéissance envers leurs supérieurs, donc le « tout est permis chez soi » ne peut être une interprétation correcte des droits et des libertés implicites dans la phrase de Coke. Une lecture plus plausible de celle-ci semble être la suivante : les hommes [Englishmen] sont moralement (et devraient être légalement) en droit de *refuser de recevoir* d'autres personnes chez eux sans avoir à demander une permission particulière pour ce refus ; ils sont en droit d'*inviter* quiconque chez eux sans avoir à demander une permission particulière ; ils n'ont pas besoin d'une permission particulière pour *employer* ou *renvoyer* des personnes qui travaillent chez eux, ou de *disposer* de leurs possessions personnelles, de se *marier* et d'avoir des enfants, ou de manifester leur approbation ou désapprobation à l'union que leurs enfants souhaitent former.

Ceci est, je pense, un résumé sommaire et rapide des idées complexes liées à l'idée que la maison d'un homme est son château, bien que l'utilisation légale de cette expression tend à mettre en valeur le droit d'exclure de chez soi au dépend de celui d'inviter et d'abriter ses amis et ses alliés. Mais pourquoi la liberté de refuser l'entrée de chez soi, ou d'inviter des amis et famille à y entrer, importerait à quelqu'un comme le seigneur féodal qui est capable de se défendre militairement ? Pourquoi vaut-il la peine de disposer de ces libertés ?

La réponse se trouve probablement dans le fait que la reconnaissance de ses *droits* [entitlements] dans de tels cas est précieuse, qu'il y est ou non un besoin de les utiliser, dans la mesure où il reflète un statut moral et politique désirable auquel certains droits, devoirs, pouvoirs et immunités distincts sont attachés. Lorsque ces

---

38 Cette phrase clé provient de l'écrit de Sir Edward Coke, The Institutes of the Laws of England, 1628 : « Car la maison d'un homme est son château, et domus sua cuique est tutissimum refugium [et la maison de chaque homme est son refuge le plus sûr] ». Pitt the Elder a donné une version plus poétique de cette expression : « L'homme le plus pauvre peut dans son cabanon défier toutes les forces de la couronne. Il peut être frêle – son toit peut trembler – le vent peut souffler à travers – la tempête peut entrer – mais le Roi d'Angleterre ne peut pas y entrer »!!

droits sont reconnus et acceptés, il n'est pas nécessaire d'utiliser la force pour décider de qui peut ou non entrer chez soi, ou de partager son hospitalité et les avantages que cela confère. En somme, lorsque ces droits sont reconnus, le sens du devoir, du droit, du confort, du plaisir, de la sécurité et de l'économie sont suffisants pour déterminer qui est ou non un invité chez soi, qui est le bénéficiaire des devoirs de l'hôte, et de la considération et de l'affection particulière que cela confère. Une telle compréhension de la vie privée exprime un état de confiance, de pouvoir et de responsabilité souhaitable, et apporte la liberté et l'opportunité de tisser des liens d'affection, d'influence et d'aisance sans avoir à consulter ses supérieurs.

L'importance de pouvoir se marier et de pouvoir faire usage de sa propriété sans consulter un supérieur est, semble-t-il, encore plus déterminante pour la capacité d'agir de manière autonome – bien que dans les limites imposées par la coutume et la loi – que la capacité à réguler l'entrée de chez soi. Quel que soit votre pouvoir militaire, si vos supérieurs vous interdisent de vous marier, ils vous privent de votre capacité à transmettre votre nom et vos gènes à des héritiers légalement reconnus. Dans une une société féodale, du reste, vous seriez dépourvu – vous-même et vos descendants – de ressources importantes avec lesquelles vous auriez pu promouvoir vos intérêts et vous protéger des menaces posées par le grand âge, la maladie et l'infirmité. De même, si vous ne pouvez léguer votre propriété personnelle qu'avec l'accord de votre seigneur, alors votre propriété est en réalité la sienne, et même le plus puissant des barons devient, de fait, un servant ou un intendant agissant uniquement selon les désirs de son maître.

Ainsi, une étude rapide des significations pratiques et symboliques des libertés implicites dans l'idée que la maison d'un homme est son château suggère que la capacité d'accorder ou de refuser l'entrée de chez soi et son hospitalité peut être d'une grande importance même si cela ne vous confère pas le droit de faire tout ce que vous voulez chez vous. La capacité de déposséder un individu de telles choses peut constituer une forme de punition, une arme d'intimidation, et indique la force et l'autorité d'une personne. Par conséquent, réfléchir à la maxime de Coke met en exergue combien le bonheur personnel, la sécurité et l'égalité des démocraties constitutionnelles modernes sont liées aux libertés que la plupart d'entre nous, la plupart du temps, considérons tellement comme acquises que nous n'avons même plus conscience de leur existence.

La liberté signifie que nous ne sommes pas constamment en train de lutter contre des menaces de coercition, d'exploitation ou de blessures proférées à notre égard ou à celui de nos proches. Mais elle signifie également que nous avons la capacité de planifier avec ou bien pour eux des plans qui dépendent de notre capacité à nous projeter dans le futur – du moins dans l'imagination. Si des objections à nos politiques, à notre religion, à la manière dont nous nous habillons et mangeons, ou à nos amitiés ou habitudes dans nos manières de faire l'amour étaient suffisantes pour nous déposséder de leur compagnie, ou pour nous forcer à modifier nos projets, la vie serait tellement instable qu'aucun de nous ne s'aventurerait dans quoique ce soit qui aurait une conséquence émotionnelle ou matérielle concernant des questions sexuelles ou familiales. De même, si le fait de désirer quelqu'un d'autre pour un parent, un enfant, un frère ou une sœur ou un époux était suffisant pour nous priver d'eux, il est peu probable que nous trouvions en eux les formes de solidarité, de récréation, de satisfaction et d'épanouissement que nous cherchons à présent en eux.

Bien sûr, cette brève digression démontre également des difficultés à utiliser l'adage de Coke comme guide à la valeur de la vie privée dans une société démocratique. Certes, il permet de saisir les idées importantes sur la teneur et l'importance de la vie privée, qui peuvent être facilement généralisées à une société dans laquelle chacun doit apprendre à voir et à traiter les autres en tant qu'égal, mais il est également évident que certains aspects de cet idéal ne peuvent pas être généralisés de de cette façon.

La raison est simple : l'adage présume qu'il n'y a qu'un seul maître dans chaque château, et que ce maître est le père de famille, en droit de diriger et de déterminer le sort de sa femme, de ses enfants et de ses serviteurs[39]. Nous pourrions – et certainement devrions – chercher à élargir ces réflexions sur la valeur de la vie privée aux femmes et aux enfants, de même qu'aux célibataires et aux travailleurs domestiques, qu'ils soient de sexe féminin ou masculin. Toutefois, il semble que nous devons modifier et restreindre les pouvoirs suggérés par la vision de Coke sur la vie privée, à moins que nous voulions nous engager dans cette idée peu attrayante que la famille devrait être cette sorte de rassemblement de seigneurs puissants, chacun étant doté d'un pouvoir sans réserve de disposer de leurs propriétés et leur compagnie, bien que partageant une maison commune.

Une telle image n'est pas très familiale pour ainsi dire et ne conduira probablement pas à des associations durables. Les familles, après tout, ne sont généralement pas constituées de personnes qui sont toutes des adultes légalement compétents ; qui ont toutes le même état de santé ou sont dans un emploi rémunéré, et donc, qui sont aussi capables d'agir comme elles le désirent. De plus, elles sont généralement composées de personnes qui ont des devoirs moraux et légaux envers elles-mêmes, de même que des droits moraux et légaux contre elles-mêmes, ce qui reflète la particularité de leur relation, et qui ne peuvent pas être réduits aux droits et aux devoirs qu'aurait une personne étrangère. En résumé, parce que les familles

---

39   Pour une brève description de cette image traditionnelle, dans le contexte d'un article qui examine les points de vue contemporains sur le mariage voir Mary Lyndon, Shanley, « Just Marriage: On the Public Importance of Private Unions », in Joshua, Cohen, Deborah, Chasman, (dirs.), Just Marriage, Oxford University Press, 2004, qui, en plus de l'article de Shanley pour la Boston Review, contient des réponses de plusieurs écrivains reconnus.

sont généralement des associations continues de personnes interdépendantes, unies par des liens spéciaux d'affection, d'histoire, de besoin, d'intérêt et de responsabilité, nous ne pouvons pas généraliser une image de la vie privée appropriée à une société hiérarchique et s'attendre à ce qu'elle aborde de manière adéquate les besoins d'une société démocratique. Si nous voulons obtenir une meilleure compréhension de la vie privée pour une société démocratique, plutôt que pour une société féodale ou aristocratique, nous devons penser plus attentivement aux protections de l'action morale ou politique suggérées par le proverbe de Coke.

Nous pouvons commencer par reconnaître que si le but de la vie privée est de protéger les personnes contre les menaces envers leur capacité d'agir, leur intégrité corporelle et leur sécurité, alors toute personne est en droit d'avoir sa vie privée protégée même si certaines personnes – les enfants, les personnes mentalement déficientes, et ainsi de suite – peuvent avoir besoin d'autres personnes pour exercer ces pouvoirs en leur nom. Par conséquent, l'idée qu'une personne – un père de famille – ait des droits à la vie privée qui couvrent ceux d'une autre personne ou les remplacent est inacceptable.

D'où l'importance de la loi sur la tutelle parentale, le Guardianship Act, de 1973 adoptée au Royaume-Uni en réponse au succès de la loi[40] de la parlementaire Joan Vicker en 1965, et qui a finalement accordé aux femmes la tutelle légale de leurs enfants.[41] Avant que la loi n'entre en vigueur, les femmes en Angleterre et au Pays de Galles avaient besoin du consentement de leur mari, même s'ils étaient séparés, pour ouvrir un compte bancaire au nom de leurs enfants, pour leur obtenir un passeport ou même pour qu'ils puissent recevoir une opération chirurgicale. Jusqu'au années 1970, en somme, les lois de tutelle parentale en Grande-Bretagne représentaient encore les postulats hérités de la monarchie sur l'importance de localiser le pouvoir ultime en un individu, plutôt qu'en un groupe, de même que le postulat sexiste qui considère que le siège ultime de l'autorité dans la famille doit être masculin, et non féminin.

De plus, si les protections de la vie privée ont pour but de soutenir nos capacités d'agir, notre intégrité corporelle et notre sécurité, alors les limites de la vie privée semblent être déterminées par ces choses qui menacent ou violent de manière effective notre capacité d'action, notre intégrité corporelle et notre sécurité. Ainsi comprises, les raisons qui font de la vie privée quelque chose de controversé deviennent assez claires : est-ce que le suicide, par exemple, devrait être compris comme une menace à notre intégrité corporelle que l'État devrait empêcher, ou

---

40 Note du traducteur : dans le texte original l'expression est « Private Members' Bill ».
41 Pour plus de détails, voir le livre fascinant de Stephen Cretney, Law, Law Reform and the Family, Oxford University Press, 1998, pp. 180-83.

comme une illustration de notre capacité d'agir que nous devrions accepter ?[42] Et que penser du sexuel et de la maternité ? Ceux-ci, après tout, peuvent porter atteinte à notre intégrité corporelle, de même qu'à nos vies et à notre santé, même si nous nous y engageons volontiers, et que nous sommes capables de donner un consentement informé aux menaces qu'ils présentent. Et que penser des inquiétudes d'égalité entre et au sein des familles, ou de la solidarité sociale, et même de la moralité ? Comment celles-ci doivent-elles figurer dans notre compréhension de ce que la vie privée peut et devrait protéger, et par conséquent de sa valeur ?

Je pense qu'il est plus simple de répondre à ces questions si nous déterminons les menaces à notre capacité d'agir, à notre intégrité corporelle et à notre sécurité contre lesquelles la vie privée est censée former une protection. Dans les démocraties constitutionnelles modernes, contrairement aux régimes féodaux, nous n'avons pas généralement besoin de vie privée pour éviter les pires formes de violence, mais pour nous assurer d'être en capacité d'avancer nos propres idées sur ce qui fait que la vie est digne d'être vécue malgré les opinions, les croyances et les goûts différents des autres. Le foyer est un refuge, en d'autres termes, moins contre la violence et les intimidations des autres personnes – bien qu'il puisse tout de même être de valeur à cet égard – que contre les peines à devoir s'entendre avec des personnes que nous n'apprécions pas vraiment ; à devoir collaborer et coopérer avec des personnes qui peuvent être difficiles, désagréables, imprévisibles ou désespérément incompétentes. Ce qui rend le foyer et la vie de famille spéciaux pour de nombreuses personnes est l'opportunité de se détendre et « d'être soi-même », ainsi que le sentiment d'être entouré de personnes qui devraient être concernées par nos sentiments, par notre journée, par ce à quoi notre futur ressemble – et pour qui en retour nous nous faisons véritablement du souci et nous ressentons véritablement de l'affection.

La vie privée au-delà du foyer

Nous commençons donc à comprendre pourquoi la protection de l'expression et de l'expérimentation sexuelle, au-delà de l'expression et de l'expérimentation artistique ou politique, est centrale à la vie privée. Comme Joshua Cohen le note, nos relations intimes avec les autres – y compris nos relations sexuelles avec eux – fournissent :

---

[42] Pour des exemples de cette controverse appliqués au problème de l'euthanasie, aussi connu sous l'expression « suicide assisté », voir Ronald Dworkin, Life's Dominion: An Argument about Abortion, Euthanasia and Individual Freedom, Vintage Press, 1994, spécifiquement les chapitres 7 et 8. Voir également « The Philosophers' Brief », une lettre ouverte sur l'euthanasie publiée dans le New York Review of Books. Elle est disponible en ligne en version anglaise avec les lettres de réponse sur: http://www.nybooks.com/articles/arcVIHes/1997/mar/27/assisted-suicide-the-philosophers-brief/.

« *un cadre important dans lequel nous faisons quelque chose d'une importance fondamentale au sein d'une vie vécue avec décence, à savoir, travailler un sens à notre identité. Mais cette importance de l'intimité sexuelle… est en partie contingente au fait d'être guidés par les jugements, les sentiments et les sensibilités des parties inclues* »[43]

La protection de la vie privée pour le sexuel est une façon de reconnaître que nous avons besoin de pouvoir être capable d'exprimer nos sentiments, nos désirs et nos croyances sur la manière dont nous devrions vivre, bien que d'autres personnes pourraient avoir des opinions différentes sur ces sujets, et devraient elles-mêmes être libres de nous convaincre de celles-ci, et de vivre selon elles. C'est pourquoi, bien que l'État ait le devoir de prévenir et de punir les menaces sur notre capacité d'agir, sur notre intégrité corporelle et sur notre sécurité concernant les questions sexuelles, entre autres, les moyens qu'il pourrait utiliser doivent être sensibles aux liens qui existent entre les intérêts des personnes dans l'expression sexuelle, et leurs intérêts dans un jugement et une action indépendante.

Par exemple, quoi que l'on peut s'attendre au fait que la grossesse et l'accouchement soient douloureux et peuvent impliquer des risques importants pour la vie et la santé, il serait inacceptable que l'État puisse exiger des femmes l'obtention d'une autorisation afin de donner naissance ; et qu'il puisse interdire la grossesse et l'accouchement à celles pour qui cela serait particulièrement dangereux. Une telle interdiction pourrait globalement avoir des conséquences bénéfiques de même qu'un effet négligeable sur la vie de quelques femmes. Mais pour d'autres, de telles lois seraient dévastatrices, leur refusant un moyen important d'exprimer leur amour et leur foi, ou même, ce qu'elle considère être leur vocation et le sens de leur vie. Par conséquent, quoi que l'État devrait essayer de s'assurer que la maternité, bien que présentant des risques, ne soit pas dangereuse ou traumatique, la régulation de la grossesse, de l'accouchement et de l'avortement par l'État doit reconnaître que les risques et les douleurs, les espoirs et les triomphes de la grossesse et de l'accouchement ne sont pas simplement physiques – bien qu'intenses et dominants comme ils le sont souvent – mais inextricablement liés aux valeurs que nous recherchons dans la vie et dans nos relations aux autres.

Cela ne veut pas dire que nous devons strictement distinguer les choses publiques et privées, les relations et les personnes. D'une certaine manière, ce qui peut être dit sur les familles peut également l'être à l'égard des petites entreprises dans lesquelles sont placés de nombreux espoirs et des peurs, du temps, de

---

43 Joshua Cohen, « Privacy, Pluralism and Democracy » dans son ouvrage Philosophy, Politics, Democracy: Selected Essays, Harvard University Press, 2009, p. 316. Or, comme l'écrit Ferdinand Schoeman, "La vie privée implique des normes qui permettent la recherche et le développement d'objectifs et de relations qui comptent simplement parce que les personnes qui y sont impliquées y trouvent du sens. », Philosophical Dimensions of Privacy, op. cit., p. 416.

l'attention et des ressources autant que dans les familles ; elles sont tout aussi bien le centre d'idéaux collectifs et de relations proches que les familles. Ceci est particulièrement vrai pour les petites entreprises familiales au sein desquelles les parents passent une grande partie de leurs temps et où les enfants et leurs amis travailleront fréquemment après l'école, durant les fins de semaine et pendant les périodes de vacances scolaires.

Aussi, les arguments en faveur de la vie privée que j'ai esquissés impliquent que les intérêts que chacun possède à la vie privée vont au-delà du foyer et de la famille – dans les relations au travail, à l'école, même dans la vie politique et le service militaire. Bien que certains idéaux d'efficacité économique, de productivité et d'ordre impliquent que les ouvriers ne devraient pas disposer d'espaces personnels pour poser leurs affaires et pour s'installer confortablement durant la journée de travail, ces idéaux ne sont presque pas cohérents avec le respect et la confiance envers les ouvriers en tant qu'agents, plutôt qu'en tant que simples rouages d'une machine. Le respect et la confiance ne semble pas non plus cohérents avec l'idée – répandue aux États-Unis – qu'il est possible pour les employeurs de renvoyer des employés dont les amitiés, ou les activités de charité, ou politiques, en dehors de leurs heures de travail viennent à ne pas leur convenir.

La plupart des emplois aux États-Unis correspondent à « un emploi de gré à gré », ce qui signifie que c'est la volonté de l'employeur qui détermine la nature et la longueur du contrat de travail[44]. Plus concrètement, cela veut dire que les employés peuvent être renvoyés pour « de bonnes raisons, de mauvaises raisons, et pour aucune raison ». Les protections de la vie privée au travail, prises pour acquises par les travailleurs européens, peuvent donc être absentes sur le marché du travail aux États-Unis, bien que les protections qu'aura un travailleur dépendra d'une variété de facteurs, tels que l'État dans lequel il ou elle travaille, s'il ou elle est employé(e) par le gouvernement, et ainsi de suite[45]. Sous le droit commun américain, les employés peuvent être renvoyés pour ne pas avoir correctement

---

44 Voir, la conference de 1996 de Mathew W. Finkin, Piper Lecture, publiée sous le titre « Employee Privacy, American Values and the Law », Chicago-Kent Law Review, vol. 72, 1996-97, pp. 221-269 et son article « Some Further Thoughts on the Usefulness of Comparativism in the Law of Employee Privacy », Employee Rights and Employment Policy Journal, 2010, pp. 11-53, avec une discussion des cas plus récents de Jespersen v. Harrah's Operating Co., Inc., 444 F. 3d 1104 (9th Cir. 2006) et Ellis v. United Parcel service Inc., 523 F. 3d 823 (7th Cir. 2008). Le premier cas concernait une employée de bar qui, après vingt années de bons services, fût renvoyée pour avoir refusé de porter du maquillage, alors que les nouveaux propriétaires de son bar le demandaient. Le dernier cas concernait un manager de United Parcel Service, le service de poste, renvoyé après vingt ans au sein de la compagnie, lorsqu'il a été découvert qu'il entretenait une relation de longue durée, et qui se scella par un mariage, avec une personne travaillant dans un autre service du service postal, contrevenant ainsi à l'interdiction générale de la compagnie de « fraternisation » [fraternization]. Voir aussi le livre de Barbara Ehrenreich, Nickel and Dimed: Undercover in Low-Wage USA, récemment publié par Granta, UK, 2010.

45 Pour une introduction aux débats européens sur la vie privée au travail qui inclue les dépistages génétiques, le contrôle et la surveillance des travailleurs, voir Hansson, Sven Ove, Palm., Elin (dirs.), The Ethics of Workplace Privacy, P.I.E.-Peter Lang, Brussels, 2005.

cela que nous soyons concernés par des droits moraux ou légaux, car ni la valeur intrinsèque de nos associations, ni leur utilité pour les autres, n'apportent des bases suffisantes pour les réguler. Les valeurs différentes que les individus recherchent, apportent et découvrent dans leurs relations personnelles sont une raison pour donner aux individus une latitude considérable pour qu'ils puissent les former, les conduire et les dissoudre. Toutefois, notre préoccupation pour la liberté, l'égalité et la sécurité de toute personne ordinaire, et pas seulement celles des quelques privilégiés et fortunés, signifie que les États démocratiques sont *obligés* de réguler les relations familiales et maritales, de même que les relations économiques et politiques, et sont *autorisés* à s'engager dans des formes de contrôle et de façonner des préférences qui, autrement, auraient été injustifiées. Ainsi, quoi que les contours précis de la distinction public / privé sont controversés, les prétentions des personnes à la liberté de choix, d'association et d'expression ne dépendent pas de la possession d'une sagesse particulière, d'une vertu, de richesse ou de connections – et cela vaut autant pour leur dimensions privées et publiques.

Avant de conclure ce chapitre, je souhaiterais aborder deux inquiétudes sur la conception de la vie privée que j'ai jusqu'à présent esquissée. La première est que ces arguments en faveur de la vie privée ne différencient pas de manière adéquate le sexuel, la reproduction et la vie familiale d'autres choses – par exemple, la confidentialité concernant un point de vue politique ou religieux, ou les objections que l'État réserve des chambres libres, des meubles et des vêtements pour les nécessiteux. Peut être est-il vrai que la protection de la vie privée concernant le sexuel, le mariage et la famille aide à promouvoir la liberté, l'égalité et la sécurité mais, n'y a-t-il pas *plus* à la protection de la vie privée concernant le sexuel, l'amour et la famille que ceci?

La seconde inquiétude est assez différente. Si la première est préoccupée par mon point de vue quelque peu déflationniste de la vie privée familiale, la seconde doute que le sexuel, l'amour et la famille puissent vraiment être privés. Certaines choses peuvent être privées selon cette objection, mais comment la vie privée peut-elle couvrir des choses si cruciales à l'État et au bien-être de la société que le comportement sexuel, la reproduction et la vie de famille ? Dans une société où chacun est l'égal de l'autre, et non le supérieur ou bien le subordonné, pourquoi la conduite des affaires sexuelles, reproductives et familiales n'est-elle pas un sujet collectif plutôt que personnel ?

Ces objections me paraissent être normales et importantes étant donné l'image de la vie privée que j'ai présentée, et j'essaierai d'adresser chacune d'entre elles séparément avant de montrer pourquoi une perspective démocratique de la vie privée doit accommoder les pragmatiques parmi nous ainsi que les romantiques, de même qu'elle doit accommoder le sens de la responsabilité de chacun, et non pas juste leur pouvoir de choix.

Vie privée, romantisme et réalisme

La première objection vise ce que nous pouvons appeler la description déflationniste de la vie privée pour le sexuel, le mariage et la vie familiale que j'ai offerte jusqu'à présent. Par opposition aux opinions plus familières et romantiques, pour lesquelles l'exceptionnalité du sexuel, du mariage et de la famille explique pourquoi ils sont de l'ordre du privé, j'ai suggéré que les préoccupations plus mondaines pour l'intégrité corporelle, l'action individuelle et l'égalité de rang et de statut font que chacun devrait être libre de former des associations sexuelles, reproductives et familiales comme bon lui semble, plutôt que selon le désir des autres. Mais ceci, je l'ai suggéré, n'est pas parce que l'amour, le sexuel et la famille ont une importance unique, mais parce que traiter ces sujets comme privés permet de protéger chacun contre la malice, l'envie, l'intérêt personnel et le paternalisme, et ainsi promouvoir la liberté, l'égalité et le bonheur de chacun.

Bien sûr, les mariages basés sur une affinité romantique ainsi que la compagnie et le soutien mutuel seront égalitaires et libérateurs comparés aux idées de mariage basées sur le désir et les intérêts des *parents*. Mais cela ne signifie pas que de tels idéaux du mariage soient nécessaires pour que la vie familiale prenne une forme démocratique, et encore moins qu'ils soient suffisants. Ils ne sont pas nécessaires parce que les mariages basés sur des considérations instrumentales – comme la commodité, l'économie, la respectabilité, le soin des enfants, le travail de la terre, la gérance d'une affaire prospère – peuvent avancer l'égalité et la liberté autant que les alternatives telles que les unions romantiques. L'idéal du mariage romantique n'est pas non plus suffisant car lorsque le romantisme s'épuise, il faut tout de même trouver un moyen pour s'assurer que les besoins des partenaires et de leurs descendants soient pourvus[48].

Les formes démocratiques de la vie privée peuvent alors paraître bien différentes de celles avec lesquelles nous sommes plus familiers et auxquelles nous aspirons. La compagnie, le soutien mutuel et l'accomplissement sexuel ne dépendent pas des idéaux d'exclusivité, d'individualité et d'identification émotionnelle caractéristiques propres aux idéaux romantiques de la famille. Par exemple, les buts et causes partagés peuvent être aussi importants dans le désir de vivre ensemble et peuvent amener des personnes à chercher des formes plus communales d'arrangements domestiques – tels que les kibboutz – ou d'approuver

---

48 Ceci est l'un des thèmes de recherche de Jean Bethke Elshtain, Public Man, Private Woman, Princeton University Press, 1993, chapitre 6, pp. 298-354 et de Nancy L. Rosenblum, Another Liberalism: Romanticism and the Reconstruction of Liberal Thought, Harvard University Press, 1987.

les idéaux de mariage « ouvert », dans lequel la fidélité sexuelle perd l'importance qui lui est attribuée dans d'autres conceptions de la vie familiale. En d'autres termes, ce qui justifie la protection de la vie privée n'est pas le nombre ou le sexe des personnes au sein du mariage, mais la capacité de chacun à se voir et de se traiter en tant qu'égaux.

Un mariage heureux est un mariage stable, satisfaisant et cohérent avec la liberté et l'égalité de ceux qui y sont impliqués. Mais comment le réaliser n'est guère évident. Nous savons maintenant qu'il n'existe pas de recettes faciles qui garantissent le succès d'un mariage, en partie parce qu'il semble y avoir de nombreux moyens incompatibles d'être heureux, confortable en la présence de l'autre, des époux convenables, des parents, des frères et sœurs et des enfants. Certains de ces moyens dépendent vraisemblablement du libre choix de ceux engagés, bien que notre désir de participer et de soutenir une entreprise commune ne dépend pas toujours de notre conscience de l'avoir choisi, plutôt que de notre perception que ceci est bon et mérite notre soutien. Toutefois, les raisons pour lesquelles des adultes compétents ont droit à la vie privée pour leurs affaires sexuelles et domestiques n'est pas que ce choix est nécessaire pour que celles-ci soient heureuses – si cela est bien le cas – mais parce qu'il nous est nécessaire de nous voir et de nous traiter en tant qu'égaux, plutôt qu'en tant que maîtres et serfs, ou comme moyens n'ayant pas de fins en soi.

Vie privée, droits et devoirs

Bien sûr, comme le reconnaît la seconde objection, la vie privée pour le sexuel et la famille signifie que les sujets d'importance collective – la taille et la composition de la population, la nature des désirs de chacun, leur propension au sacrifice personnel, leur capacité à planifier – seront formées par les résultats cumulatifs d'un grand nombre de décisions individuelles. Et il est également vrai que les résultats pour la société dans son ensemble et pour les individus impliqués seraient peut-être moins bons qu'ils n'auraient été s'ils avaient été planifiés dans l'objectif de maximiser ces variables.

Ainsi, Platon avait peut-être eu raison de croire que les familles privées rendent les personnes moins courageuses, énergiques et dévouées pour les sujets collectifs qu'il ne serait désirable, et Tocqueville avait peut-être eu raison de craindre que la préoccupation du bien-être de nos familles pourrait nous amener à approuver des formes d'autorités politiques qui sont paternalistes, bureaucratiques et despotiques[49]. Ces possibilités peuvent certainement modérer nos éloges sur-

---

49 La République, livre V, de Platon contient l'argument selon lequel les Gardiens, ou le groupe protégeant la société, ne devraient pas posséder de propriété privée et de famille propre, pour ne pas être détournés du bien commun. La République est disponible gratuitement en ligne en version anglaise ainsi qu'en de nombreuses

enthousiastes de la valeur de la privée. Mais, le fait que la vie privée ne soit pas sans coût – que sa réalisation et sa protection puissent nous empêcher de réaliser d'autres choses de valeur – ne signifie pas qu'elle ne vaut pas la peine d'être protégée.

Deux hypothèses cruciales structurent alors cette seconde critique de la vie privée, ce qui rend plausible l'idée qu'un gouvernement de pairs est un gouvernement au sein duquel personne n'a d'intérêts légitimes dans la vie privée. La première hypothèse est que le gouvernement démocratique ne peut pas être oppressif car il est un gouvernement par le peuple et pour le peuple. Cependant, comme Mill l'a noté, l'expérience démocratique enseigne rapidement à chacun que :

> « Le 'peuple' [the people] qui exercent le pouvoir n'est pas toujours constituer des mêmes personnes que celles sur qui le pouvoir est exercé, et le 'gouvernement de soi' [self-government] discuté n'est pas le gouvernement de chacun sur lui-même, mais de chacun par tout le reste. De plus, la volonté du peuple signifie pratiquement la volonté des plus nombreux et de ceux qui sont les plus actifs de ce peuple ; la majorité, ou ceux qui arrivent à se faire accepter comme la majorité ; par conséquent, le peuple peut désirer opprimer une partie de son nombre, et des précautions sont autant nécessaires contre ceci, que contre toutes autres formes d'abus de pouvoir. »[50]

Ainsi, comme Mill l'a démontré, les contraintes sur les pouvoirs légaux du gouvernement et sur l'emprise de l'opinion populaire sont aussi essentielles à la liberté, à l'égalité et au bonheur des membres de sociétés démocratiques qu'aux sociétés non-démocratiques.

La seconde hypothèse est que les personnes qui sont égales aux autres en terme de rang ont donc des intérêts, des croyances et des ambitions essentiellement semblables. Or, tout comme le gouvernement ne cesse d'être coercitif parce qu'il est démocratique, les intérêts et les croyances de chacun ne s'harmonisent pas non plus magiquement du simple fait qu'ils ne sont pas séparés dès la naissance entre ceux qui gouvernent et ceux qui sont gouvernés. Les libertés démocratiques de penser, d'association et d'expression peuvent même accentuer les différences dans les croyances de chacun étant donné qu'elles leur permettent d'explorer leurs différences, et par conséquent de donner forme à leur vie sociale, économique et politique.

---

versions académiques éditées. Dans, De la Démocratie en Amérique, tome 2, chapitre 6, Tocqueville peint son portrait du citoyen moderne : 'Chacun, retranché dans lui-même, est presque inconscient du sort du reste. L'humanité, pour lui, consiste en ses enfants et en ses amis personnels. Et pour le reste de ses concitoyens, ils sont suffisamment proches, mais il ne les remarque pas. Il les touche mais ne sent rien. Il existe en lui et pou lui-même, et bien qu'il ait toujours une famille, il est possible de dire qu'il n'a pas de patrie'.

50 Cette citation provient des pages d'ouverture du livre On Liberty, « Introductory », chapitre 1.

Cependant, la seconde objection à la vie privée nous rappelle que les raisons de porter de la valeur à la vie privée ne sont pas simplement protectrices. La vie privée, en effet, nous habilite à prendre une responsabilité personnelle, de même que collective, pour notre propre vie et pour la vie des autres, et comme nous allons le voir, la capacité de le faire est cruciale à la liberté, à l'égalité et au bien-être.

Responsabilité personnelle et collectives

Imaginons un monde dans lequel nous ne posséderions pas les droits [entitlements] moraux et légaux afin d'assumer une responsabilité personnelle sur notre vie et sur la vie d'autres personnes. Cela pourrait être un monde où chacun aurait des tâches individuelles imparties et la responsabilité individuelle de les remplir, parce que ceci est parfois la meilleure manière d'atteindre des finalités communes. Et ce monde pourrait dépendre, et dépendrait sûrement, de personnes faisant preuve d'initiative et de responsabilité, pour que les projets collectifs ne s'arrêtent pas, ou qu'ils ne produisent pas des effets sérieusement contre-productifs. Néanmoins, quoi que des personnes pourraient faire preuve d'initiative personnelle et prendraient la responsabilité de faire avancer les choses, dans une société où chacun manquerait des droits moraux et légaux pour le faire, un tel comportement pourrait les exposer à la censure ou à des sanctions de la part de ceux qui sont au pouvoir, ou au fait d'être dénoncés comme mécréants par ceux qui essaient de s'attirer les bonnes grâces de l'autorité pour « gagner de l'avance ».

Une telle société et ses approximations dans la vie réelle, comme l'Union Soviétique sous Staline, la République Populaire de Chine sous Mao, le Cambodge sous les Khmer Rouges, ou la Corée du Nord contemporaine – nous rappellent l'importance de l'initiative et de la responsabilité privée pour le fonctionnement régulier de la société et pour un fonctionnement économique efficace. Toutefois, nos intérêts dans notre capacité à prendre des responsabilités personnelles pour nos vies, et pour celles d'autres personnes, ne sont pas seulement des intérêts liés à l'efficacité mais également à la capacité d'agir sur nos sentiments envers d'autres personnes, sur notre sens d'obligation morale et politique et, même, sur notre propre sens de destinée ou de vocation.

Pour nous, il peut être de la plus grande importance non seulement que nos parents, nos amis et nos enfants *soient* pris en charge, mais que *nous soyons* capable les prendre en charge ; non seulement que certaines croyances, idéaux, relations et engagements *soient* reconnus et acceptées, mais que *nous soyons* capables de les reconnaître et de les accepter[51]. Quoi que nous puissions vouloir payer des impôts

---

51 Ferdinand Schoeman pose la même préoccupation de manière très concise lorsqu'il dit « Sans la capacité d'un individu de créer de la valeur en quelque chose en la valorisant, il ne nous reste que le respect pour les valeurs

pour maintenir les hôpitaux publics, les écoles et les services publics et que nous soyons très heureux de tous les utiliser, rien ne peut se substituer à notre droit de soigner à la maison, si nous le pouvons, nos amis ou nos proches malades ou d'enseigner à nos enfants leur histoire familiale, la géographie et l'histoire des pays de leurs arrière-grands-parents. De meilleures prestations publiques, bien que désirables, ne compenseront pas non plus des lois qui nous refusent toute latitude pour de telles choses. Ceci car la capacité d'assumer des responsabilités personnelles pour nous-mêmes et pour les autres peut être tout aussi cruciale à notre bien-être, à notre liberté et à notre égalité que notre capacité à partager les responsabilités dans des projets communs, ou de participer à la définition de but collectifs dans notre société.

Il peut paraître étrange de parler d'un « droit à la responsabilité », parce que les responsabilités sont pénibles et que nous voudrions souvent les esquiver ou les éviter. Pourtant, il nous suffit juste de penser à l'exclusion des noirs aux fonctions de juré aux États-Unis ou des femmes du service militaire dans la plupart des pays pour voir que le droit de partager des charges collectives peut être un droit civil important. Certes, les fonctions de juré peuvent être ennuyeuses et lourdes et le service militaire désagréable et dangereux. Mais, il est *stigmatisant* d'être exclu, que cela soit par coutume ou par loi, de participer à des devoirs publics lorsque l'on est autrement capable de les remplir. Et ceci est particulièrement vrai lorsque ces devoirs sont le reflet de l'observance des droits de citoyenneté[52].

Si ces remarques sont correctes, la vie privée peut refléter nos capacités à la responsabilité et à l'initiative personnelle, ainsi que l'importance de pouvoir identifier et remplir nos obligations. Après tout, il pourrait y avoir d'autres moyens de s'assurer que les parents soient pris en charge durant leur troisième âge que de donner le droit aux enfants de le faire ; et il y auraient de meilleurs moyens de s'assurer que les enfants soient pris en charge que de donner le droit aux parents de le faire. Mais de refuser à quiconque le droit d'offrir une telle prise en charge, simplement parce qu'elle pourrait être fournie par d'autres moyens, serait ignorer l'importance morale que de tels devoirs revêtent pour beaucoup, probablement pour la plupart d'entre nous, ainsi que la signification politique d'être perçues comme des personnes capables de remplir de tels devoirs.

Tel que c'est généralement compris, être parent revient en autre à prendre soin de ses enfants – les nourrir, les vêtir, les loger, tenter de les instruire et les divertir – pour qu'ils se sentent aimés et heureux. Ainsi, bien que l'État puisse exiger de nous

mais pas le respect des personnes en tant que telles », dans son chapitre « Privacy and Intimate Information », in Philosophical Dimensions of Privacy, Schoeman, F., (dir.), op. Cit.,p. 414.

52 Les cas suivants de la Cour Suprême aident à illustrer ce point. Batson v. Kentucky, 476 U. S. 79, (1986), concernant l'exclusion des noirs des fonctions de juré; et J.E. B. v. Alabama ex rel. T.B., 511 U. S. 127, (1994), concernant l'exclusion des femmes.

à juste titre que nous éduquions nos enfants d'une certaine manière, et que nous contribuions aux coûts de cette éducation, les parents sont moralement en droit d'enseigner à leurs enfants ce qu'ils n'apprennent pas à l'école.[53] De même, quoi qu'il est exigé des contribuables adultes de contribuer aux soins médicaux, au logement et aux retraites des personnes âgées, les démocraties donnent également le droit à chacun de s'occuper de leurs parents dans leur maison (du moment qu'ils sont capables de le faire) et de leur fournir l'alimentation, l'habillement, le divertissement adéquats et de la compagnie.

Il est essentiel à la citoyenneté démocratique que chacun soit en droit d'agir selon des croyances, des identités et des idéaux qui peuvent n'avoir que peu, voire aucun, rapport avec le fait d'être un citoyen et qui pourraient, à l'occasion, être en conflit avec les devoirs de la citoyenneté. Historiquement, les « devoirs maternels » étaient considérés comme compromettant la participation politique des femmes, et des arguments similaires ont été avancés pour les membres de minorité ou de religions « dissidentes », de même que pour les hommes qui devaient travailler contre une paye afin de subvenir à leurs besoins et à ceux de leur famille[54]. Il est donc important de reconnaître que les intérêts de chacun à agir en son nom, et au nom des autres, revêtent une dimension personnelle autant que collective et que la reconnaissance et la protection des deux sont essentielles à une conception démocratique de la vie privée.

* * *

Dans le chapitre suivant, nous examinerons les conséquences de ce que nous venons d'apprendre concernant la relation entre, d'une part, les droits à la vie privée et, d'autre part, les droits à la propriété. Deux différents types d'objections à la vie privée se cachent derrière l'identification de la vie privée à la propriété privée. Le premier sous-tend l'idée que les droits à la vie privée sont redondants, moralement et légalement, parce que les droits à la vie privée sont simplement des droits de propriété sous forme déguisée. Et le second soutient que la vie privée est simplement un masque pour des relations de coercition et d'exploitation, et va donc à l'encontre

---

53 Pour ceux intéressés par ces questions, il peut être utile de consulter Harry Brighouse, On Education ; dans cette série Thinking in Action, Routledge, 2006, de même que Matthew Clayton, Justice and Legitimacy in Upbringing, Oxford University Press, 2006, et l'essai polémique mais incitant à la réflexion d'Adam Swift, How Not to be a Hypocrite: School Choice for the Morally Perplexed, Routledge, 2003.

54 Ceux intéressés par la manière dont l'origine de l'exclusion des femmes du droit de vote a influencé les formes et les contenus ultérieurs des droits sociaux pourront consulter Carole, Pateman, « The Patriarchical Welfare State », et d'autres essais fascinants dans Amy, Gutmann (dir.), Democracy and the Welfare State, Princeton University Press, 1988 ; Nancy, Fraser, « Women, Welfare and the Politics of Need Interpretation » dans son livre, Unruly Practices: Power, Discourse and Gender in Contemporary Social Theory, Polity Press, UK, 1989, chapitre 7, pp. 144-160 ; et Mary, Daly, Katherine, Rake, Gender and the Welfare State: Care and Welfare in Europe and the USA, Polity Press, UK, 2003. Dans American Citizenship: The Quest for Inclusion, Judith Shklar réfléchit sur l'importance que la distinction travail libre / travail esclave a eu pour les conceptions ultérieures de race, de travail, de citoyenneté et d'assistance sociale, Harvard University Press, 1995.

des formes démocratiques de la liberté, de l'égalité et de la solidarité. Mais, comme nous allons le voir, des justifications de propriété privée basées sur la vie privée ne sont pas toujours sans intérêts, et la vie privée peut parfois être favorisée, plutôt que menacée, par la propriété collective.

Chapitre 4 : Vie privée, propriété et solidarité

Nous avons vu que la valeur de la privée est à la fois personnelle et politique, qu'elle reflète l'importance de la responsabilité, de la conviction et du choix personnel de même que collectif. Ce faisant, nous avons démontré que la vie privée peut utilement être désagrégée en ses différentes composantes, tout comme Judith

Thomson l'affirme dans son célèbre essai sur le droit à la vie privée[55]. Or, nous avons décrit ces composantes du point de vue des droits à la solitude et à l'isolement, à l'anonymat et à la confidentialité, et à l'intimité et la domesticité, plutôt qu'en termes de propriété et des droits similaires à la propriété sur les personne elle-même – que Thomson préfère. Nous avons également vu que nos hypothèses sur la nature et l'importance de l'égalité influencent profondément les façons dont nous conceptualisons les demandes de chacun à la vie privée et l'importance que nous attribuons à ces demandes. À première vue, donc, la vie privée semble être autant liée à nos droits à l'égalité et à la participation politique qu'à la propriété et les droits que nous avons sur notre corps. Il est maintenant temps d'étudier plus en détail les arguments de Thomson et d'examiner les conclusions pratiques, analytiques et normatives que nous pouvons en tirer. Ceci nous permettra de réunir certaines de nos différentes pistes développées lors de notre étude de la vie privée et d'amener ce livre à sa conclusion.

La critique de la vie privée de Thomson

Les objections de Judith Thomson concernant l'idée d'un droit moral à la vie privée ne proviennent pas du fait qu'elle croit que la solitude, la confidentialité et l'anonymat sont survalorisés, ou que la vie de famille est inséparable de l'inégalité sexuelle, ou une menace à un véritable patriotisme. Sa préoccupation est plutôt que nos discussion autour d'un droit moral à la vie privée mettent en commun beaucoup trop de choses qui, bien qu'utiles et importantes, sont mieux décrites et justifiées séparément. Plus particulièrement, elle pense qu'une fois que nous réalisons à quel point les droits de chacun en terme de vie privée sont hétérogènes et que nous réfléchissons à la meilleure façon de les décrire et de les justifier, nous trouverons qu'ils sont en réalité mieux compris comme étant des exemples de droits plus basiques, tels que des droits à la propriété et des droits semblables à la propriété sur nos corps, ce qui fait que les autres ne peuvent nous regarder, nous écouter, nous toucher sans notre permission.

---

55 Judith, Jarvis Thomson, « The Right to Privacy », in Schoeman F. (dir.), *Philosophical Dimensions of Privacy*, op. cit., pp. 272-289. À l'origine, cet article a été publié dans le journal, *Philosophy and Public Affairs*, vol. 4, 1975, pp. 295-314, et a depuis été recueilli de nombreuses fois, notamment dans une collection exceptionnelle de ses essais et intitulée *Rights, Restitution and Risk: Essays in Moral Theory*, dirigée par William Parent, Harvard University Press, 1986.

Ainsi, démontre Thomson, si une personne commet une faute en se faufilant dans votre maison et en peignant vos coudes en vert, c'est parce qu'elle porte atteinte à *votre propriété* et à vos droits similaires à la propriété sur *votre corps*, qui incluent le droit de ne pas avoir votre corps regardé, touché, ou peint sans votre permission[56]. De même, elle pense que son droit de ne pas être écoutée est violé par les efforts délibérés d'une personne d'épier ses disputes à huis clos avec son mari, bien que si cette personne s'arrête et entend une bonne partie de sa dispute car sa fenêtre est grande ouverte, cela ne représente pas une violation de ses droits[57]. Laisser la fenêtre ouverte, pense-t-elle, peut être interprété comme une « suspension » ou un renoncement du droit de ne pas être entendu ; si les fenêtres ont bien été fermées, par contre, il devrait être clair qu'elle ne souhaite pas que d'autres personnes écoutent sa dispute, même s'ils entendent des bribes de conversation en passant.

De la même façon, elle pense que nous sommes en fautes si nous jetons un coup d'œil à votre magnifique photo pornographique sans votre permission, car cette photographie est à *vous* – elle vous appartient, et un des droits dont la propriété consiste est le droit de cacher ce qui vous appartient de la vue de chacun[58]. Par contre, si vous aviez été négligent au point de laisser votre photo posée là où tout le monde peut la voir, nous ne violons pas vos droits à la propriété en la contemplant, bien que nous ne puissions pas l'emporter chez nous, ou essayer de la vendre.

C'est pourquoi, dans les cas qui s'apparentent à des violations à la vie privée, Thomson suppose que nous pouvons décrire ce qui est mal en se référant à d'autres maux – des atteintes à nos droits sur nos corps et notre propriété. De plus, soutient-elle, le problème avec nos discussions autour d'un droit à la vie privée n'est pas seulement que tous les cas qui nous paraissent comme des violations d'un droit à la

56 Voir, ibid, p. 279: « … il n'est pas agréable de se faire mal au genou ; mais vous avez le droit de vous faire mal au votre, et certainement personne d'autre ne le peut – le fait qu'il soit votre genou gauche inclut que vous avez le droit que personne d'autre que vous puisse vous y faire mal. Et comme je le pense, cela inclut que vous ayez le droit que personne d'autre ne le touche ou ne le regarde ». Pour résumer son argument, Thomson écrit, (p. 280) « Ces droits – le droit de ne pas être regardé et le droit de ne pas être écouté – sont analogues aux droits que nous avons sur notre propriété. Il semble étrange que nous ayons de tels droits. Ils ne sont pas énumérés lorsque nous donnons des listes de droits... Ces droits non-sensationnels semblent être tellement proches pour qu'il soit opportun de les grouper sous un seul titre. Par manque d'un meilleur terme, je vais simplement parler « de droit sur la personne », un droit que je vais assumer qu'il consiste en ces droits non-sensationnels que j'ai mentionnés ainsi que d'autres. »

57 Thomson, *ibid*, p. 273 pour une comparaison d'une dispute bruyante et une dispute silencieuse à huis clos.

58 Thomson, *ibid*, p. 287: « Quelqu'un regarde votre photo érotique dans votre coffre-fort ? Il viole votre droit à ce que vos affaires ne soient pas fouillées, vous avez ce droit car vous avez des droits de propriété – et c'est parce que vous les avez, que ce qu'il fait est incorrect ».

vie privée peuvent être décrits du moins tout aussi bien d'une autre manière, mais qu'il semble qu'il n'y ait aucun cas où la violation de la vie privé puisse être considérée mauvaise « *parce ce que nous avons un droit à la vie privée* »[59]. Toutefois, même si Thomson a raison sur le fait que nous pouvons parfois remplacer nos discussions sur la vie privée par des discussions sur la propriété en général, ou par des discussions autour de droits similaires à la propriété sur nos corps, affirmer que cela est toujours vrai s'appuie sur des hypothèses quelque peu controversées quant à la nature et le contenu de nos droits moraux, et il semble ne pas y avoir de raison particulière de les accepter.

Par exemple, Thomson suppose que nous avons un droit à ne pas être regardé que nous suspendons à chaque fois que nous sortons en public[60]. Ainsi, pour Thomson, il n'y pas besoin d'invoquer un droit à la vie privée afin d'expliquer pourquoi vous avez un droit à ne pas être épié par des intrus à travers votre fenêtre, bien que vous n'ayez aucun droit à ne pas être regardé lorsque vous vous baladez dans la rue. Et pourtant, Stanley Benn semble avoir raison de distinguer entre un regard ordinaire d'un passant – où il est d'accord avec Thomson que cela ne viole pas notre vie privée – et un regard fixe et pénétrant qui pourrait éventuellement la violer. Comme l'écrit Benn, « il y a une différence entre avoir été entrevu et avoir quelqu'un qui nous observe de près, et qui peut-être enregistre nos faits et gestes,

---

59 Thomson, *ibid*, p. 286-87 : « Le fait, en supposant que ceci soit un fait, que chaque droit dans l'amas [cluster] du droit à la vie privée est également dans un autre amas d'un droit ne démontre pas en soi que le droit à la vie privée est dans n'importe quel sens plausible un droit « dérivé ». Selon moi, un point plus important est : le fait que nous avons un droit à la vie privée n'explique pas le fait d'avoir n'importe quels droits présents dans l'amas du droit à la vie privée... Que nous ayons le besoin de trouver des aspects communs à tous les droits dans l'amas et, de plus, pensons que nous ne les avons pas encore par le fait même qu'ils sont tous dans l'amas, est une conséquence de nos sentiments que nous ne pouvons expliquer notre possession d'aucun de ces droits dans l'amas sous la forme "Parce que nous avons un droit à la vie privée" » (mis entre guillemets et en italique dans le texte de Thomson) . Quoi que je suis d'accord avec Thomson que nous avons un droit contre la torture, je ne vois pas en quoi cela démontre que nous n'avons pas également un droit à la vie privée, qui sera également violé si nous étions torturés afin de nous extraire des informations personnelles. Le même acte peut être injustifié pour une variété de raisons et peut violer une variété de droits. Par conséquent, il est possible qu'être torturé pour extraire de l'information personnelle est pire qu'être torturé pour affirmer ou nier une déclaration politique ou scientifique, parce que dans certains cas de torture, la violation de la vie privée serait une part additionnelle et une partie très importante du mal, ce qui ne serait pas le cas si l'information personnelle n'était d'aucune importance particulière pour vous et pour vos bourreaux.

60 P. 285: « ... il me semble que si vous êtes en public, vous levez votre droit à ne pas être photographié ou regardé. Mais bien sûr vous... avez un droit d'être libre... de tout agacement dans les espaces publics ; donc en particulier, vous avez un droit à ce que les photographes et la foule ne se rapprochent pas trop » juste parce qu'ils sont désespérés de vous voir, et d'obtenir un « cliché » de vous. Pour une application de ces débats sur l'utilisation des caméras de surveillance, voir Annabelle Lever, « Mrs. Aremac and the Camera: A Response to Ryberg », *Res Publica: A Journal of Legal and Social Philosophy*, vol. 14, n. 1, March 2008, pp. 35-42 ainsi qu'un écrit de Benjamin Goold sur le même sujet.

même dans un espace public ».[61] Il ne semble pas non plus juste que dès que les célébrités sortent en public, elles puissent être considérés par les photographes comme des cibles légitimes, comme si sortir pour une bouteille de lait ou pour un déjeuner entre amis, signifiait renoncer au droit à ne pas être photographié[62].

En évaluant la thèse de Thomson, alors, une grande partie tourne autour de la manière dont nous comprenons les contours précis de nos droits moraux, et de ce qui compte, selon nous, comme suspendre ou renoncer à ces droits[63]. La difficulté, cependant, est que nos conceptions de la propriété et de nos droits sur nos corps ne semblent pas être aussi fines que Thomson le suppose – leur étendue, leur justification et leur poids précis semblent bien moins clairs qu'elle ne l'imagine. Ainsi, beaucoup d'entre nous serons d'accord avec Thomson qu'écouter ses disputes avec son mari si elle a oublié de fermer la fenêtre fait preuve de mauvaises manières mais ne constitue pas une violation de ses droits. Néanmoins, nous pouvons toujours penser que nous violerions ses droits si nous considérions ses fenêtres grandes ouvertes comme une invitation à entrer dans sa demeure et à nous servir dans sa bibliothèque de philosophie – ou simplement à s'asseoir sur une chaise et feuilleter un de ses livres.

Nous supposons que des fenêtres ouvertes ne constituent pas une suspension de nos droits contre des visiteurs non-invités, ou contre des philosophes trop enthousiastes, parce que le droit d'empêcher les autres d'entrer dans nos maisons est d'une importance tellement plus grande que le droit de ne pas être entendus. Une personne doit donc pouvoir aérer ses pièces sans devoir se soucier que ce geste puisse être interprété comme une suspension de tels droits si elle oublie ensuite de fermer ses fenêtres ou sa porte d'entrée. Par conséquent, nos idées sur ce qui compte comme suspendre un droit dépend, en partie, de l'importance du droit que nous

---

61 Benn, Stanley. I., « Privacy, freedom and respect for person », in *Philosophical Dimensions of Privacy*, Schoeman, F., (dir.), op. cit., p. 225.

62 Le problème de savoir si les célébrités, lorsqu'elles vaquent à leurs occupations quotidiennes, peuvent être légalement photographiées sans leur consentement est l'un des problèmes les plus controversés de la loi britannique et européenne. Depuis le cas *von Hannover v. Germany*, dans lequel la Princesse Caroline de Monaco a gagné, il semble que la loi européenne suivra l'approche française, plus stricte sur ces sujets, que ceux plus laxistes de l'Allemagne et du Royaume Uni. Voir, Joshua, Rozenberg, *Privacy and the Press*, Oxford University Press, 2004. Rozenberg se lamente de la décision dans le cas de la Princesse Caroline, xiii-iv. Voir aussi www.rozenberg.net.

63 Thomson, « The right to privacy », op.cit., p. 278, par exemple. Il doit être noté que cet article est très ancien – il a été écrit en 1975. Pour ceux intéressés par les versions plus développées de la théorie des droits de Thompson, voir les collections suivantes de ses essais : *Rights, Restitution and Risk: Essays*, Harvard University Press, 1986, et *The Realm of Rights*, Harvard University Press, 1990.

considérons mais aussi, très probablement, des maux typiques qu'il cherche à éviter et les circonstances dans lesquelles il est typiquement revendiqué.

Une fois ces aspects considérés, il devient beaucoup moins évident que nous nous faciliterons plutôt que compliquerons la vie en remplaçant les discussions autour de nos droits à la vie privée par des discussions autour de la propriété et des droits similaires de propriété sur nos corps. Une autre possibilité, encore plus troublante, est que remplacer les discussions sur la vie privée par des discussions sur la liberté, la propriété et l'intégrité corporelle finisse par nous faire *confondre* ce que chacun revendique et selon quelle justification.

Prenons comme comparaison les différents cœurs de dispute entre Joyce Maynard et John Salinger. Le premier concerne le désir de Maynard de publier dans son autobiographie, *At Home In The World*, un récit de leur vie commune. Une telle publication entraîne une perte de vie privée pour Salinger, mais il ne prétendait pas que ses droits à la propriété étaient en jeu – il n'aurait pas pu, du reste, car il n'existe pas de droits à la propriété dans une histoire partagée au sein d'un couple ou d'ordinaire. Maynard, bien sûr, soutenait qu'elle avait un droit à publier sa propre histoire, un droit à partager sa vie privée, même si, ce faisant, elle finirait par divulguer une partie de celle de Salinger aussi. Les livres sont des objets de propriété et, comme tout écrivain, Maynard a dû espérer que son livre se vendrait bien et lui rapporterait de l'argent ainsi que de la renommée. Mais il ne s'ensuit pas pour autant que ses intérêts dans la publication étaient essentiellement financiers, plutôt qu'expressifs, ou que l'on puisse saisir de manière adéquate *ses* propres intérêts en interprétant ses revendications à publier sa vie privée comme des revendications à profiter de sa propriété.

Par contre, les intérêts de Maynard dans la vente des lettres que Salinger lui avait écrites étaient financiers et elle les valoriser en tant que propriété et non en tant que trace d'une expérience partagée, ou en tant qu'un aperçu des sentiments, des activités et du caractère de Salinger. Ce dernier n'a pu éviter la vente de ces lettres, mais il réussit à persuader la Cour que, étant leur auteur, personne ne pouvait publier leurs contenus sans sa permission. Les intérêts que Salinger visait à protéger étaient donc des intérêts de confidentialité plutôt que de gains financiers, et son but en recourant à ses droits de propriété sur les lettres était d'éviter leur publication, plutôt que de lui assurer une partie des profits générés par une telle publication.

Il est alors éclaircissant et non troublant de dire que les intérêts que Salinger cherchait à justifier étaient des intérêts dans la *vie privée*, plutôt que dans la *propriété*, bien que le droit d'empêcher la publication sans consentement peut être financièrement désirable. Il est effectivement plus juste de noter que ses intérêts étaient dans la *vie privée* plutôt que dans la *liberté*, car il était uniquement intéressé par la liberté d'éviter la publication de ces lettres et ne s'appuyait pas sur d'autres libertés telles que la liberté d'expression, d'association, ou de participation. En somme, Salinger ne visait pas à être *consulté*, et encore moins à *participer* au choix des maisons d'éditions, des formats, des éditeurs et ainsi de suite ; il visait à *empêcher toute publication* tout court. En attribuant les intérêts de Salinger à des intérêts provenant de la *vie privée*, nous transmettons donc assez facilement cette idée, parce que les intérêts dans la confidentialité sont si centraux à la plupart de nos compréhensions de la vie privée. En revanche, ils sont bien moins centraux aux idées de liberté, c'est pourquoi dans ce cas, remplacer les discussions sur la vie privée par des discussions sur la liberté peut très probablement prêter à confusion, si ce n'est induire en erreur.

Vie privée et propriété collective

Les prétentions à la vie privée sont donc irréductibles à des prétentions à la propriété personnelle, et ceci influence la manière dont nous approchons non seulement l'analyse philosophique mais également les politiques publiques. Une des difficultés, nous avons vu, en essayant de traduire les droits de chacun à la vie privée sous forme de droits de propriété est que la propriété est composée de plusieurs droits qui peuvent être désagrégés et divisés de façons différentes. En ce sens, si je possède une voiture ou une maison, je ne peux généralement pas les laisser se détériorer comme je le veux parce que si je laisse ma voiture rouiller dans la rue ou ma maison tomber en ruine, il y a une variété de régulations étatiques qui entreront en vigueur. Ceci ne tient pas au fait que quelqu'un d'autre est propriétaire de ma maison ou de ma voiture, mais plutôt que dans ces cas (et dans d'autres similaires), ma propriété n'inclut pas le droit de détruire ma propriété par négligence. Par contre, si je loue une maison ou une voiture, je n'aurai pas le droit de les vendre ou de les donner, mais j'aurai le droit de les utiliser ainsi que d'exclure le propriétaire de les utiliser durant la durée de mon bail. Par conséquent, s'il est vrai que mes droits à la propriété (qu'ils constituent ou non une pleine propriété) pourraient bien protéger ma vie privée, il est peu probable que nous offrions plus de clarté et de précision à nos en idées en remplaçant nos discussions autour de la vie privée par des discussions autour des droits à la propriété puisque la propriété prend tellement de formes différentes et parfois même incompatibles[64].

Certaines formes de propriété sont détenues au nom d'un groupe de personnes, tels qu'une famille, un groupe d'investisseurs, ou même une nation. Celles-ci sont généralement appelées « propriété collective », soulignant le fait que les droits de propriété sont supposés être utilisés au nom d'un groupe de personnes, plutôt que par un seul individu, et d'être exercés soit par des représentants du groupe de propriétaires, ou par les membres de ce groupe agissant conjointement. D'autres formes de propriétés sont appelées « propriété privée », signifiant qu'elles sont détenues par une personne, ou au nom d'une personne, qui est libre d'exercer son droit de propriété sans consulter l'avis d'autres personnes.

Il semble naturel de penser que si nous valorisons la vie privée, nous préférerions alors la propriété privée à la propriété collective, mais une telle hypothèse est erronée. Il est vrai que certaines formes de copropriété peuvent tout à fait porter atteinte à la vie privée car elles signifient que tous les propriétaires ont droit à une voix dans la disposition du bien. Ceci est notamment le cas dans ces blocs d'immeubles new-yorkais qui sont détenus sous forme de coopérative (même si les appartements individuels sont des propriétés privées), car les copropriétaires sont en droit d'obtenir un grand nombre d'informations sur les futurs acquéreurs afin de décider s'ils approuvent ou s'ils s'opposent à la vente future.

Cependant, les formes de copropriétés ne sont pas toutes comme celle-ci. Par exemple, les logements détenus et gérés par l'État peuvent être moins envahissant de la vie privée que les logements privés, et ce, parce que l'information exigée pour obtenir un bail est essentiellement détenue par des personnes avec lesquelles nous avons moins de contact qu'avec nos propriétaires privés. Même si la quantité d'informations divulguée n'est pas moins importante ou moins intime, les façons dont ces informations sont typiquement détenues, et les différentes personnes qui les détiennent, font qu'un locataire d'un logement détenu par l'État dispose d'une vie privée plus grande qu'un locataire d'une propriété privée.

---

64 Ceux intéressés par les débats récents sur la philosophie de la propriété peuvent consulter Stephen R., Munzer, *A Theory of Property*, Cambridge University Press 1990 ; John P., Christman, *The Myth of Property: Toward an Egalitarian Theory of Ownership*, Oxford University Press, 1994 ; G. A., Cohen, *Self-Ownership, Freedom and Equality*, Cambridge University Press, 1995, qui sont des efforts pour comprendre, évaluer et ensuite revoir les opinions traditionnelles sur la vie privée d'un point de vue égalitarien.

Puisque le fait d'être propriétaire d'une propriété privée n'est pas synonyme de vie privée, la privatisation de l'espace public et de la propriété publique peut donc menacer, plutôt que promouvoir, la vie privée. Pour nombre d'entre nous, vivant à l'étroit et dans des conditions de surpeuplement – avec des familles ou dans la promiscuité de voisins bruyants – les jardins publics, les parcs, les bibliothèques et les musées sont des lieux où l'on peut se rendre pour trouver un peu de quiétude et de paix, ou pour avoir une « discussion privée » ou un tête-à-tête avec nos amis. Quand ces espaces sont gratuits et ouverts au public, ils offrent des opportunités bien nécessaires pour être seul ou anonyme, pour partager du temps avec nos amis et amants, pour prendre un peu d'air frais, ou encore pour se cultiver et se divertir. C'est pourquoi, la création d'installations publics tels que les bibliothèques, les centres sportifs, les centres de jeunesse, les parcs et jardins peut offrir des cadres opportuns pour la vie privée qui, précédemment, étaient peu nombreux et isolés.

L'importance de l'espace public pour la vie privée est soulignée dans un essai poignant sur l'absence de domicile par le philosophe et juriste Jeremy Waldron[65]. Une façon de décrire le sort d'une personne sans-abri est de dire que cette personne :

> « *n'a aucun lieu gouverné par la règle de la propriété privée où il lui est permis d'être quand elle le choisit, aucun lieu gouverné par la règle de la propriété privée duquel elle ne peut être exclue à tout moment à la demande de quelqu'un d'autre... Pour la plupart, les personnes sans-abri sont exclues de tous les lieux régis par les règles de la propriété privée, alors que le reste d'entre nous sommes, dans le même sens, exclu de tous sauf un (ou peut être de tous sauf de quelques-uns).* »[66]

Ainsi, dans un monde où toute la propriété collective aurait été privatisée, ou bien où aucune propriété collective – tels que les rues, les parcs, les métros, les abris – serait disponible pour que les sans-abris puissent répondre à leurs besoins les plus élémentaires, la liberté des sans-abris « dépendrait complètement de la tolérance des propriétaires des lieux qui constituerait le territoire de la société en question ».

---

65 « Homelessness and the Issue of Freedom », in *Liberal Rights: Collected Papers 1981-1991*, Cambridge University Press, 1993, chapitre 13, pp. 309-338. Voici une collection exceptionnelle d'essais pour quiconque est intéressé par la compréhension de la nature et de la structure des droits, et qui fournit une introduction utile aux débats contemporains portant sur les droits de l'homme, les droits sociaux et les droits et les devoirs de la tolérance.

66 Les passages en italique le sont dans le texte de Waldron.

Il est donc fondamentalement important pour la vie privée des sans-abris qu'il y ait des formes de propriété collective – telles qu'un déploiement généreux de toilettes publiques, de bains publics – qui soient mis à leur disposition pour qu'ils puissent exercer des activités élémentaires telles que dormir, manger et uriner. Ces activités sont, comme l'exprime Waldron, « à la fois quotidiennes et urgentes », parce qu'une personne ne peut tout simplement pas se permettre d'attendre jusqu'à l'acquisition d'une maison ou de tout autre propriété privée pour les accomplir. Ainsi, outre nos autres devoirs envers ceux qui sont sans-abri, Waldron démontre que ce que nous devons leur fournir inclus des lieux dans lesquels ils peuvent légalement assouvir discrètement leurs besoins en public[67].

Vie privée et propriété collective

Nous avons vu que les prétentions à la vie privée ne peuvent pas être réduites aux prétentions à la propriété. Mais cela ne signifie pas que la nature et la valeur de la vie privée soient sans rapport avec ce que nous sommes en droit de posséder, et ce que nous sommes en droit de faire avec notre propriété. Si, d'une part, cela signifie que la propriété publique peut être utilisée à des fins privées telles que les conversations, l'éducation, la mise en forme, la propreté et l'abri, nos intérêts d'autre part dans la confidentialité, dans l'anonymat, l'intimité et la vie de famille aident à expliquer pourquoi chaque personne devrait avoir droit à certaines formes de propriété privée, quoi qu'elle puisse être dans la capacité d'assouvir ses besoins de nourriture, d'habillement et d'abri de par l'utilisation de la propriété détenue en commun.

Si la vie privée a de la valeur, il semble désirable, et peut-être même nécessaire, que chacun puisse avoir quelque forme de propriété privée qu'il puisse utiliser comme bon lui semble. Par exemple, l'idée de faire un sacrifice personnel non seulement de son temps mais aussi de son confort et de ses possessions signifie que nous devons être capable de céder – même de détruire cérémonieusement –

---

67 Pour ceux qui disent que les rues et les métros ne sont pas des lieux pour dormir, que les parcs ne sont pas des lieux pour uriner ou cuisiner, Waldron offre la réponse suivante : peut être qu'ils ne devraient pas l'être ; tout comme il ne devrait pas y avoir de personne qui ne peut appeler un endroit, maison. Mais c'est seulement parce que nous ne sommes, pour la plupart d'entre nous, pas sans-abri que nous avons quelque part d'autre pour manger, dormir et uriner et que les parcs, les rues et les métros n'assouvissent pas ces buts pour nous. « Le métro est le lieu où ceux qui ont ailleurs où dormir peuvent y faire autre chose que dormir ». Pour ceux qui n'ont pas d'endroit à eux, l'espace public fournit les seules possibilités d'assouvir leurs besoins élémentaires légalement et avec un minimum de vie privée.

65

quelque chose dont nous aurions autrement été en droit d'utiliser pour nous-mêmes. De même, afin que les cadeaux puissent exprimer l'appréciation de la particularité d'un autre – que cela implique la reconnaissance de ses besoins en tant qu'étudiant, jeune marié, parent, ou de ses talents, loisirs ou goûts – ils doivent pouvoir exprimer quelque chose sur le donateur autant que sur le receveur. Ils peuvent être produits de manière industrielle ou artisanale, bon marché ou onéreux, mais pour qu'ils puissent servir avec succès le but communicationnel du donateur, chacun doit disposer d'une marge raisonnable dans la sélection et le moment choisi pour leur présentation.

L'importance de ces intérêts sociaux, plutôt que financiers, dans la propriété privée est bien illustrée par l'étude de Wolff et de-Shalit sur le désavantage[68]. Comme ils le disent, « être capable de se soucier des autres fait partie de ce que nous sommes en tant que personne, du moins sous des conditions normales, et donc fait partie de notre bien-être », et une instance importante de cette capacité à se soucier est le désir de réciproquer la gentillesse, et de montrer de la reconnaissance envers la gentillesse des autres. Comme Wolff et de-Shalit l'expliquent, « montrer de la reconnaissance aux autres, "montrer du respect", et montrer de la joie à la joie des autres, forment tous partie d'une vie humaine prospère. »

Toutefois, certains peuvent se trouver dans l'incapacité d'entreprendre de manière adéquate les actes socialement acceptés qui expriment leur gratitude et joie parce qu'ils sont trop pauvres ou parce qu'ils souffrent de handicaps physiques. « Faire du bien aux autres permet l'estime de soi. Être humain ne signifie pas seulement recevoir ; une personne veut aussi donner », dit une personne entretenue aux auteurs ; et le sens de l'humiliation et la perte d'honneur qui vient avec l'incapacité d'exprimer son respect ou son amour est si puissant, et si répandu à travers les individus et les cultures, que Wolff et de-Shalit concluent qu'il constitue une forme de désavantage moralement significative.

A proprement parlé, rien de ceci n'exige l'éventail de droits à la propriété privée auxquels nous sommes familiers. Nous pouvons à la place imaginer une sorte de magasin (ou une chaîne de magasins répandus comme des cinémas ou des pubs)

---

68 Wolff, Jonathan, de-Shalit, Avner, *Disadvantage*, Oxford University Press, 2007. Cette analyse philosophique des différentes formes que le désavantage peut prendre, les difficultés dans son évaluation, et les différents moyens qui peuvent être utilisés pour les mitiger et les supprimer, est partiellement basée sur des entretiens conduits par Shalit et par ses étudiants de deuxième cycle. La discussion sur la gratitude et la réciprocité peut se trouver aux pages 45-46.

dans lesquels l'on pourrait se rendre et, contre la promesse d'un certain nombre d'heures travaillées (sur place ou ailleurs), de choisir un objet qui pourrait être utilisé comme un cadeau ou qui pourrait être conservé. Ceci exigerait toujours que l'on puisse avoir une discrétion considérable sur quand, comment et pourquoi, nous utilisons notre temps, et suppose que nous ayons le droit d'échanger notre temps contre des objets que nous pourrions utiliser comme bon nous semble.

Cependant, ce genre d'arrangement ne nous permettrait pas de donner des cadeaux qui sont personnels dans le sens où se sont des objets qui nous ont appartenu, ont été utilisés par nous, ou ont été confectionnés par nos soins. Cela ne signifiera pas non plus que nous aurions, nous-mêmes, accès à des objets dont l'utilisation serait fonctionnelle, mais qui porterait aussi une signification émotionnelle et symbolique pour nous. Le fait de réfléchir à cet exemple met donc en lumière l'importance des formes de propriété qui nous permettent de garder, d'utiliser, de prêter et de donner des choses qui nous appartiennent, dans le sens où elles ont fait partie de nos vies en tant qu'expression de nos croyances, de nos attachements et de nos idéaux particuliers.

La propriété privée ne concerne pas seulement le droit d'utiliser des objets tels que des vêtements, des lits et des meubles, ou de nous nourrir et de nourrir nos proches. Elle concerne plutôt notre capacité à trouver des formes de propriété privée qui nous conviennent, et qui répondent à nos croyances et à nos besoins particuliers, à nos goûts et à nos tempéraments. Comme Iris Marion Young l'écrit, « un aspect important de la valeur attribuable à la vie privée est la capacité d'avoir un domicile à soi... dans lequel chacun vit entouré de choses qui aident à soutenir la narration de sa vie »[69]. Donc, bien qu'un livre entier serait nécessaire pour explorer les formes de propriétés privées qui sont justifiées par les droits de chacun à la vie privée, il semble que la valeur de la vie privée justifie certaines formes de propriété privée de même que collective.

* * *

Nous avons vu que Thomson a tort de traiter les droits à la vie privée comme s'ils étaient uniquement des droits à la propriété déguisés. Quoi que la valeur de la vie privée et le droit moral à la vie privée se chevaucheront probablement avec

---

[69] Iris Marion, Young, *A Room of One's Own: Old Age, Extended Care, and Privacy*, dans Beate, Rossler (dir.), *Privacies: Philosophical Evaluations*, Stanford University Press, 2004, pp. 168-169. La citation provient de la page 168.

d'autres valeurs et d'autres droits, nous avons vu comment le cadrage de la discussion autour de la vie privée peut illuminer l'importance de libertés spécifiques ainsi que de biens et maux spécifiques que nous aurions autrement peut-être ignorés ou mal interprétés. Ceci implique, entre autre, que la vie privée n'est pas une menace à l'égalité économique contrairement à ce qui peut être supposé, même si elle justifie parfois la création de formes de propriété qui sont privées plutôt que publiques.

Il y a deux principales raisons à cela. La première est qu'il est peu probable que la valeur de la vie privée puisse justifier la création, le maintien et le contrôle d'une richesse personnelle d'un pouvoir économique considérable. Bien que les intérêts de chacun dans la solitude, l'intimité et la vie de famille soient à la fois variés et compétitifs – puisque nous ne pouvons pas tous avoir ce que l'on veut quand nous le voulons – rien dans la nature ou dans l'importance de ces intérêts ne suggère que les sociétés devraient être indifférentes aux concentrations de richesses et de pouvoir ou aux inégalités d'opportunité résultant des inégalités de possession de propriété. Justifier la propriété privée à partir de la valeur de la *vie privée*, par conséquent, ne nous engage à aucune thèse substantielle sur la meilleure manière d'organiser la production et l'échange de biens, sur les vertus de la compétition, ou bien sur les bénéfices du libre marché en général ou en particulier.

Deuxièmement, il est important de se rappeler que ce qui compte comme un objet légitime de propriété , et comme une façon permissible d'acquérir et d'utiliser cette propriété, dépend des hypothèses que nous émettons sur le statut moral des personnes, des animaux, des ressources naturelles et du travail humain. Par conséquent, les justifications données en faveur de la propriété collective ou publique ne seront pas démocratiques si des minorités peuvent être réduites en esclavage, si les prisonniers peuvent être utilisés comme des domestiques asservis ou si le travail des femmes est moins valorisé – économiquement, politiquement, moralement – que celui des hommes. C'est pourquoi, il est important d'être clairs sur les hypothèses *politiques* impliquées lorsque nous pensons à la valeur de la vie privée en relation avec d'autres valeurs, et au contenu ainsi que la justification des droits à la vie privée en relation avec d'autres droits.

Parler de la vie privée n'est pas alors futile ou simplement confus. Néanmoins, les raisons pour lesquelles ceci n'est pas le cas mettent en lumière l'importance de la politique pour la moralité. Bien qu'il semble que nous puissions explorer la nature et la valeur de la vie privée sans se soucier de la justification des différentes formes de gouvernements, nous avons vu que cela est une erreur. C'est une erreur car la valeur que nous attribuons à la vie privée dépend fondamentalement de la manière dont nous concevons les intérêts, les circonstances et les perspectives futures de chacun, et pour ceci nous avons besoins d'émettre des hypothèses sur le pouvoir que chacun entretient vis-à-vis l'autre. Ainsi, la vie privée est une valeur profondément politique, inextricablement liée aux manières dont nous nous concevons en tant qu'individus et en tant que membres d'une société.

Dans ce court ouvrage je n'ai malheureusement pas beaucoup traité des dimensions internationales de la vie privée, ou de la façon dont le voyage, le commerce, l'immigration et la guerre influent sur la manière dont nous la décrivons et l'évaluons. Les dimensions internationales de la politique domestique sont devenues de plus en plus importantes, et ceci a un effet sur les manières dont nous conceptualisons et évaluons les prétentions à la vie privée, étant donné les conséquences pour les identités, les relations, les libertés et les obligations de chacun. La valeur de la vie privée a par conséquent une dimension internationale de même que nationale et personnelle qui mérite une considération philosophique. Mais nous devons remettre ceci à plus tard. Si ce livre est un guide, la controverse sur la nature et la valeur de la vie privée ne cessera pas de si tôt, il y aura donc de nombreuses opportunités d'explorer un jour les dimensions internationales de la vie privée.

Conclusion

Est-ce que la vie privée a de la valeur ? La réponse, nous l'avons vu, est « oui » bien qu'il ne soit pas toujours facile de décrire et d'évaluer la vie privée, ou de déterminer ses conséquences probables sur nous-mêmes et sur les autres. Les partisans de la vie privée croient qu'elle promeut la liberté, l'égalité et le bonheur de chacun, alors que les sceptiques s'inquiètent qu'elle ne délaisse les faibles et les vulnérables à la merci des puissants.. Nous avons vu qu'il y a un peu de vrai dans chacune de ces affirmations qui semblent à l'évidence incompatibles. Les protections de la vie privée ne sont pas sans coûts et peuvent parfois nous empêcher d'exprimer ce que nous avons sur le cœur, d'apprendre des autres et d'agir comme nous le devrions. Par ailleurs, les conséquences probables de la vie privée pour la liberté, l'égalité et le bonheur de chacun dépendent de la manière dont nous décrivons et évaluons cette dernière. C'est pourquoi, certaines façons de penser la vie privée la mettent en confrontation avec la liberté des femmes et leur égalité avec les hommes, bien qu'il n'y ait rien d'intrinsèque à la vie privée qui fait qu'elle doit avoir de tels effets. À l'inverse, la vie privée peut aider à protéger chacun du mépris, de l'humiliation et de la récrimination injustifiée, de même que de la corruption et de la coercition, bien qu'il n'y ait rien non plus d'inévitable ici.

Nous ne pouvons pas offrir une description de la nature et de la valeur de la vie privée sans émettre des hypothèses complexes, souvent implicites, sur les manières du monde, et notre place en son sein. Si ces hypothèses sont incorrectes, il y a de fortes chances que nos idées sur la vie privée le soient également. Si ces hypothèses sont en désaccord avec les droits des personnes ordinaires à se gouverner elles-mêmes, alors nos idées sur la vie privée ont de fortes chances de promouvoir des croyances, des désirs, des habitudes et des relations qui hiérarchisent de manière injustifiée les intérêts de quelques privilégiés au détriment de nombreux défavorisés, et qui traitent les défauts triviaux de ces derniers avec une grande sévérité tout en laissant les vices et les crimes des premiers incontrôlés et impunis. Si, à la place, nous essayons de résoudre ces disputes autour de la vie privée à la lumière de nos meilleures hypothèses sur les intérêts, les droits et les devoirs de chacun dans un gouvernement par soi [self-government], nous avons une chance de décrire la vie privée d'une manière qui reflète leurs intérêts dans la liberté, dans l'égalité et dans le bonheur.

En revanche, réaliser une telle chose dépend de ce que nous pensons mais également de ce que nous faisons. S'il est peu probable que la vie privée soit de valeur à moins que nous la décrivions d'une manière qui reflète nos valeurs, de même il sera peu probable qu'elle soit de valeur à moins que nous essayions de la faire valoir. Ceci n'est pas dû au fait que toutes les valeurs sont relatives – bien qu'il y ait inévitablement un aspect comparatif aux choses auxquelles nous donnons de la valeur. C'est plutôt parce que le monde n'est pas imperméable aux désirs humains, aux croyances humaines et aux actions humaines, bien qu'il ne soit pas non plus complètement malléable à celles-ci. Ce que nous pensons et faisons, par conséquent, peut modifier la valeur de la vie privée pour nous-mêmes et pour les autres. Et si nous nous intéressons à « la pensée en action », ceci semble être une pensée adéquate pour terminer notre esquisse de la vie privée.